21世纪新媒体课程教材
普通高等院校新闻传播实训类"十三五"规划教材

城市广播电视
全媒体规程

王正明　陈洪友　编著

西南交通大学出版社
·成都·

图书在版编目（CIP）数据

城市广播电视全媒体规程 / 王正明，陈洪友
编著．—成都：西南交通大学出版社，2017.6
ISBN 978-7-5643-5572-2

Ⅰ.①城… Ⅱ.①王… ②陈… ③余… Ⅲ.①广播电视–中国–教材 Ⅳ.①G229.2

中国版本图书馆 CIP 数据核字（2017）第 146391 号

Chengshi Guangbo Dianshi Quanmeiti Guicheng
城市广播电视全媒体规程
王正明　陈洪友　编著

责 任 编 辑	罗小红
封 面 设 计	墨创文化
出 版 发 行	西南交通大学出版社 （四川省成都市二环路北一段 111 号 西南交通大学创新大厦 21 楼）
发行部电话	028-87600564　028-87600533
邮 政 编 码	610031
网　　　址	http://www.xnjdcbs.com
印　　　刷	成都中铁二局永经堂印务有限责任公司
成 品 尺 寸	170 mm × 230 mm
印　　　张	12.25
字　　　数	219 千
版　　　次	2017 年 6 月第 1 版
印　　　次	2017 年 6 月第 1 次
书　　　号	ISBN 978-7-5643-5572-2
定　　　价	35.00 元

课件咨询电话：028-87600533
图书如有印装质量问题　本社负责退换
版权所有　盗版必究　举报电话：028-87600562

目 录 / CONTENTS

第一章　广播电视全媒体管理规程 ··· 1
　　第一节　总　则 ··· 1
　　第二节　工作纪律 ··· 1
　　第三节　职业操守 ··· 2
　　第四节　编辑委员（扩大）会 ·· 4
　　第五节　全媒体编前会 ·· 5
　　第六节　城市广播电视台记者工作规范 ··· 5
第二章　内容生产规程 ··· 8
　　第一节　视听率分析利用 ·· 8
　　第二节　节目考评 ··· 9
　　第三节　媒体融合——以荆门广播电视台新媒体为例 ························· 13
　　第四节　内容推介 ··· 17
　　第五节　节目包装 ··· 18
　　第六节　精品生产——以荆门广播电视台为例 ································· 18
　　第七节　公益广告 ··· 21
　　第八节　播出审查 ··· 22
　　第九节　节目引进 ··· 22
　　第十节　节目编排 ··· 24
　　第十一节　节目上载 ·· 25
　　第十二节　播音主持 ·· 26
　　第十三节　选题申报 ·· 30
第三章　视频节目生产流程和标准 ·· 32
　　第一节　电视时政新闻的拍摄流程和标准 ······································· 32

第二节　电视新闻节目生产制作 ································· 34
第三节　电视新闻移动网络直播流程和标准 ······················ 44
第四节　电视新闻直播栏目播出流程和标准 ······················ 45
第五节　电视社教节目制作流程及标准 ·························· 52
第六节　电视综艺节目制作流程及标准 ·························· 59
第七节　专题片、纪录片制作流程及标准 ························ 64
第八节　导播及摄像工作流程及标准 ···························· 74
第九节　电视节目音频制作技术规范 ···························· 75
第十节　电视节目视频制作技术规范 ···························· 77
第十一节　电视节目后期制作技术规范 ·························· 79

第四章　音频生产流程和标准 ····································· 83
第一节　音频生产的分类及岗位职责 ···························· 83
第二节　广播新闻节目生产制作流程及标准 ······················ 87
第三节　广播文艺节目生产制作流程及标准 ······················ 98
第四节　广播新闻现场直播流程及标准 ························· 102
第五节　大型活动播出流程及标准 ····························· 105

第五章　晚会（活动）生产流程和标准 ····························· 108
第一节　大型电视晚会（活动）舞台美术设计与制作 ············· 108
第二节　大型电视晚会与活动灯光设计 ························· 109
第三节　大型电视晚会与活动的制作 ··························· 110

第六章　网络节目生产流程和标准 ································· 122
第一节　互联网新闻网站产品生产流程及标准 ··················· 122
第二节　手机客户端标准及流程——以荆门广播电视台为例 ······· 126

第七章　平面媒体编排生产流程和标准 ····························· 131
　　　　——以荆门广播电视台《楚天声屏　荆门周刊》为例 ····· 131
第一节　平面媒体编排生产流程和标准的适用范围 ··············· 131
第二节　平面媒体版面设计基本原则 ··························· 132
第三节　平面媒体用字规范 ··································· 133
第四节　标题制作规范 ······································· 134
第五节　正文写作格式规范 ··································· 136

第六节	图和线的运用	137
第七节	版面编排的色彩运用规范	139
第八节	校对与发排	142

第八章 广告生产流程及标准……144
第一节	广告管理规范	144
第二节	广告强制性规范	147
第三节	广告经营管理规范	149
第四节	电视广告创收管理	150
第五节	广播广告经营管理	152

第九章 突发事件应急预案……164
第一节	应急预案的适用范围及组织机构建立	164
第二节	突发事件的报道原则	165
第三节	应急预案的实施	166
第四节	节目安全播出事故应急预案	167

第十章 广播电视职业资格标准……170
| 第一节 | 城市广播电视台记者上岗流程及标准 | 170 |
| 第二节 | 播音主持人员的上岗流程及标准 | 171 |

附　录　荆门广播电视台全媒体规程案例……174

后　记……189

第一章 广播电视全媒体管理规程

第一节 总 则

一、广播电视媒体必须准确、全面、生动地宣传党的路线、方针、政策，严格执行宣传纪律，坚持正确的舆论导向，促进社会主义物质文明和精神文明建设，丰富和活跃群众文化生活，同时不断提高节目质量，杜绝宣传责任事故。

二、广播电视台是党和政府的喉舌，是党和政府联系人民群众的桥梁，是现代化的、多功能的大众传播媒介，是有力的新闻舆论工具。各项工作要在政治上、思想上、行动上与党中央始终保持高度一致，发布各种正能量的信息，精办广播电视节目，为地方经济社会发展、推进社会主义现代化建设营造良好舆论环境，提供强大的思想保障和精神动力。

三、城市广播电视台的根本任务和主要功能是：高举旗帜、引领导向、围绕中心、服务大局、团结人民、鼓舞士气、成风化人、凝心聚力、澄清谬误、明辨是非、连接中外、沟通世界。教育、鼓舞全市人民群众在地方党委和政府的带领下，建设社会主义物质文明、政治文明、精神文明和生态文明，为地方经济社会各项事业建设鼓与呼。

四、广播电视工作是新闻事业的重要组成部分，广播电视工作者是广播电视事业的生力军，所有从业人员应自觉遵守各项法律、法规和制度。

第二节 工作纪律

一、制作播出广播电视节目必须遵守我国宪法、法律、法规，坚持四项基本原则，体现党和政府的方针政策，符合最广大受众的根本利益及诉求。禁止制作播出下列内容：

（一）有损国家主权、领土完整和民族尊严的；

（二）有损国家安全、社会安定和民族团结的；

（三）有损党和国家形象的；

（四）泄露党和国家关于政治、经济、国防、科学技术等方面的机密的；

（五）诽谤、侮辱他人的；

（六）宣扬淫秽、迷信或者渲染暴力的；

（七）宣扬种族、性别、地域歧视的；

（八）法律、行政法规和本级党委政府规定禁止或不宜播出的；

（九）不利于安定团结鼓劲的。

二、新闻从业人员必须遵守下列职业道德和宣传纪律：

（一）牢固树立"政治家办台"的思想，正确理解、处理新闻报道中党性和人民性的关系，自觉地同党中央保持高度一致，使党的路线、方针、政策及各项工作任务准确、及时、广泛地同群众见面。

（二）增强政治意识、大局意识、责任意识、看齐意识，坚持正确的舆论导向，坚持以团结、稳定、鼓劲、正面宣传为主的方针，弘扬主旋律，为全面建成小康社会、推进现代化建设营造良好的舆论氛围。

（三）新闻报道必须真实准确，严禁"有偿新闻"。

（四）树立正确的舆论监督观，以"促进工作、维护稳定"为出发点开展报道，记者要以平和、平等的心态，公平、公正、客观、全面地进行采访报道。

（五）要严格遵守采访纪律，舆论监督采访事前要请示，事后要报告，发稿要理智，要进行建设性的监督，把握好时、度、效，不能公开报道的要及时写成情况通报，送相关部门处理。

（六）不得利用采访、曝光等工作手段，向对方索取钱物。

（七）不得接受任何可能影响新闻报道内容公正的单位和个人的馈赠或宴请。

（八）不得从小团体和个人利益出发来决定新闻的取舍和播出的长度、位置。

（九）采编人员不得借采访名义招揽广告和从事其他牟利活动。

（十）广电新闻工作者必须遵守《中国新闻工作者职业道德准则》和国家有关宣传管理规定。

第三节　职业操守

一、广播电视从业人员要全心全意为人民服务。忠于党、忠于祖国、忠于人民，把体现党的主张与反映人民心声统一起来，把坚持正确导向与通达社情民意统一起来，把坚持正面宣传为主与加强和改进舆论监督统一起来。

（一）积极宣传党和政府的重大决策部署，及时传播解读新闻信息，满足人民群众日益增长的新闻信息需求，保证人民群众的知情权、参与权、表达权、监督权。

（二）牢固树立以用户为中心的宣传理念，把人民群众作为报道主体和服务主体，多宣传基层群众的先进典型，多挖掘人民群众身边有温度的故事，多反映平凡人物的工作生活，多运用人民群众的生动语言，使新闻宣传接地气。

（三）积极反映人民群众的正确意见和呼声，批评侵害人民利益的现象和行为，依法保护人民群众的正当权益。

二、坚持以团结稳定鼓劲、正面宣传为主，唱响主旋律，不断巩固和壮大积极健康向上的舆论。

三、坚持新闻真实性原则。坚持深入调查，报道做到真实、准确、全面、客观。

（一）要通过合法途径和方式获取新闻素材，新闻采访要出示有效新闻记者证。认真核实新闻信息来源，确保新闻要素准确。

（二）报道新闻不夸大、不缩小，不歪曲事实，不刻意策划布置采访场景，禁止虚构或制造新闻。刊播新闻报道要署作者真名。

（三）摘转其他媒体的报道要把好事实关，不刊播不科学的内容。

（四）刊播了失实报道要勇于承担责任，及时更正致歉，消除不良影响。

四、发扬优良作风，自觉抵制不良风气，接受社会监督。

（一）强化学习意识，养成学习习惯，不断提高政治和业务素质，增强政治意识、大局意识与责任意识，努力成为专家型的全媒体新闻工作者。

（二）坚持开展"走转改"活动，深入基层、贴近群众、体验生活，深入了解社情民意，增进与群众的感情。

（三）自觉抵制各种有偿新闻和有偿不闻行为，不利用职业之便谋取不正当利益，不利用新闻报道发泄私愤或做不公正的报道，不以任何名义索取、接受采访报道对象或利害关系人的财物或其他利益，不向采访报道对象提出工作以外的要求。

（四）尊重新闻同行，反对不正当竞争。尊重他人的著作权益，引用他人的作品要注明出处，反对抄袭和剽窃行为。

五、坚持改革创新，提高舆论引导能力。遵循新闻传播规律，创新观念、创新内容、创新形式、创新方法、创新手段，做到体现时代性、把握规律性、富于创造性。

（一）深入研究不同传播对象的接受习惯和信息需求，主动设置议题，善于因势利导，不断提高舆论引导能力和传播能力。

（二）认真研究传播艺术，利用现代传播手段，采用受众听得懂、易接受的方式，增强新闻报道的亲和力、吸引力、感染力。

（三）善于利用新载体、新技术收集信息、发布新闻，提高时效性，扩大覆盖面。

六、遵纪守法。要增强法治观念，遵守宪法和法律法规，遵守党的新闻工作纪律，维护国家利益和安全，保守国家秘密。

（一）严格遵守和正确宣传国家的民族区域自治制度、各民族平等团结和宗教信仰自由政策，维护国家主权和社会稳定。

（二）维护采访报道对象的合法权益，尊重采访报道对象的正当要求，不暴露个人隐私，不诽谤他人。

（三）维护未成年人、妇女、老年人和残疾人等特殊人群的合法权益，注意保护其身心健康。

（四）维护司法尊严，依法做好案件报道，不干预依法进行的司法审判活动，在法庭判决前不做定性、定罪的报道和评论。

（五）涉外报道要遵守我国涉外法律、对外政策和我国加入的国际条约。

第四节　编辑委员（扩大）会

编辑委员（扩大）会是广播电视台（集团）最高宣传业务指导和决策机构。

一、机构及人员组成：编委会一般设主任1人，常务副主任1人，副主任、成员若干名。主任由台长、董事长担任，常务副主任由台（集团）总编辑担任，副主任由台分管宣传、创收的领导担任，成员由各主要业务部门负责人组成。总编室负责编委会工作的日常事务和工作督办。

二、工作机制：编委会以宏观谋划决策为主，每次会议一般只研究重大宣传议题，会议可根据需要不定期举行，但每月不得少于一次。遇到重大特殊宣传任务可临时召开。

三、工作内容：

（一）制定日常新闻宣传和媒体管理的各项制度及考核规定。

（二）研究制订年度宣传重点和计划，策划年度重大媒体活动和节目改版。

（三）确定近期宣传重点，对热点焦点问题及重大舆情进行引导。

（四）确定精品生产选题，对重大新闻事件、重大活动和重大典型报道进行策划。

（五）对日常宣传和管理落实情况进行考核、督办、通报。

第一章 广播电视全媒体管理规程

（六）组织好稿（片）评选工作，负责审查、推荐报送市、省好稿（片）工作。

（七）对宣传从业人员进行业务指导和业务培训，适时召开通联工作会议，及时将本台重点选题及报道计划告知通讯员。

（八）推进传统媒体和新兴媒体的融合。

（九）每次会议以编委会纪要的形式下发各部门执行。

（十）研究部署上宣外宣工作。

（十一）负责全媒体的导向管理及新闻宣传阅评工作。

第五节 全媒体编前会

全媒体编前会是编委会授权新闻值周领导组织召开的日常新闻采编调度会。

一、工作机制

编前会由值周领导组织召开，原则上每天在发稿前召开一次，特殊情况可随时召开。参会人员主要是外宣通联、各媒体负责新闻宣传值班负责人、新闻线索收集人、制片人等。

二、工作内容

（一）谋划当天和近期新闻宣传、节目编排的重点，安排重点新闻的短评撰写。

（二）重要新闻、重大新闻、突发新闻的策划、实施、调度及全媒体联动。

（三）近期热线、网站、子媒体、群众来信等新闻线索的收集、梳理、分发及采编落实。

（四）检查、督办、通报编委会及上次编前会工作落实情况。

（五）优秀作品筛选、生产、储存。

（六）确立、调度需要追踪、后续、链接的新闻作品。

（七）部署宣传、活动、创收全媒体联动。

（八）确立上宣外宣选题。

（九）媒体活动开展，全媒体形象塑造。

（十）片头、片花、模版的制作运用。

第六节 城市广播电视台记者工作规范

一、事实客观准确。记者要尽可能地还原事实真相，不得歪曲、捏造、夸大事实；不得将新旧信息混杂嫁接；严禁未出现场却编造活灵活现的现场细节；事实表述、转述要精确，杜绝虚假、失实及不准确的报道。

二、记者采访要遵守国家法律法规，遵守行业规定和职业道德准则，遵守本台采访纪律，要有规避政治风险和法律风险的意识。

三、涉及国家领导人或被采访方要求审稿的稿件，要第一时间报告台编委会，采访稿按程序送审。

四、杜绝领导姓名、职务、排序错误；避免单位名称、习惯用语及提法、专业名词、常识、标点符号等错误。

五、稿件中转述、引述他人说法时必须标明；未经证实的消息应加以说明；由于某种原因采访不到或者对方不接受采访的情况，要加以说明；电话采访须标注清楚。

六、采访中不得侵犯被采访者合法权益，坚持人文、法治精神。

七、采写投诉、纠纷类报道时，要注意平衡原则，要有多方说法，避免一方说法，严禁孤证报道。要有质疑精神，避免被私利者利用。采写批评性及揭发性报道时，务必求证被批评方、主管部门等多方说法。

八、严禁采写有偿新闻。记者不得利用本台及任何台属媒体记者身份，与他人做交易和担保；严禁收受贿赂和好处费等。

九、遵守保密原则，为被采访者的隐私保密。

十、在不损害新闻价值的前提下，编采人员可以尊重被采访者的意愿，对稿件和声音做某些技术处理。

十一、记者就本台报道的新闻事件接受其他媒体（特别是境外媒体）采访，必须提前报请台编委会批准。

十二、鼓励记者发展、利用好自媒体，但必须传播正能量，不得发表与记者身份相悖的言论，不得随意转播不实信息。

【拓展阅读】

资料一：《广播电视管理条例》

资料二：《中国新闻工作者职业道德准则》

资料三：《中国广播电视编辑记者职业道德准则》

第一章 广播电视全媒体管理规程

资料四：《中国广播电视播音员主持人职业道德准则》

资料五：《新闻从业人员职务行为信息管理办法》

资料六：《新闻出版广播影视从业人员廉洁行为若干规定》

资料七：《新闻出版广播影视从业人员职业道德自律公约》

第二章 内容生产规程

第一节 视听率分析利用

一、视听率概述

广播电视视听率是指某一时段内收听收看某节目的人数（或家户数）占受众总人数（或家户数）的百分比。作为"注意力经济"时代的重要量化指标，它是深入分析广播电视收听收视市场的基础，是节目制作、编排及调整的重要参考，是节目评估的主要指标，是制订与评估媒介计划、提高广告投放效益的有力工具。一般城市广播电视台的视听率分析委托商业收听收视率调查公司完成，这类公司在本区域内设立一定的基本户，通过对本区域内落地的广播电视节目收听收视率、市场份额情况等进行大数据分析，形成一系列数据报告，供广播电视台使用。视听率利用，是指广播电视台通过收听收视率调查公司提供的大数据对本台自办频率频道节目收听收视率、市场格局、视听走向等进行综合分析后，对节目的质量、效益等进行考评。编委会则根据这一数据对节目提出指导性的意见。

二、视听率的功能

视听分析数据是媒体大数据的一个重要组成部分，是研究媒体、用户、市场的重要依据，也是城市台考评节目，决定栏目取舍、部门费用高低的一项重要依据。

（1）视听率分析工作由总编室代表城市台与第三方调查公司签订相关契约，并对大数据处理提出具体要求。

（2）城市台派专职人员学习、了解视听率报告的形成程序和操作要领，每周向台领导和编委会提供一次数据报告。

（3）大型活动、特别节目、影视剧等特殊活动和栏目，编委会要求另出数据的，提前一周向签约的收听收视率调查公司提出要求，由调查公司出具单独数据。

（4）视听数据必须全面、客观、准确，重点数据如视听率、市场份额、本地区收视表现前20名、自办栏目表现、视听人群的数据等必须完备。

（5）编委会每周定期不定期地对视听数据进行通报、分析、传阅，对表现好的频率、频道、栏目进行表扬，对表现不好的提出批评意见并分析其原因。

（6）根据制度，可依据视听率数据与部门费用和个人收入挂钩。

（7）有数据分析的宣传部门原则上要每月根据数据对自己的自办栏目、频率、频道定位进行一次分析。

（8）视听数据对内公开对外保密，凡在大型场合推介、公共媒介发布发表的数据须经台主要领导认可、批准。

（9）总编室在适当的时候每年就数据的调查、利用在全台进行一次培训。

（10）为弥补收听收视数据的不足，总编室可采取聘请视听员、调查员以及发放问卷调查等方式，补充信息数据，将结果在内部及时公布。

第二节　节目考评

一、节目考评概述

为提高城市广播电视台自办节目质量，充分调动从业人员的积极性，广播电视台成立节目日常考核办公室，在台编委会领导下，对旗下的全媒体所有自办节目质量进行定期或随机抽查考核。考核办公室一般下设广播小组、电视小组、新媒体小组、平面小组，由总编室负责管理日常事务，实行相对独立、各司其职的运行机制，按编委会要求定期向财务部门提交考核结果，经领导签字认可后财务部门据此发放相关稿酬和费用。

二、节目考评方案及标准

下面以荆门广播电视台为例，了解一下节目考评方案：

（一）广播

1. 共性考核指标（60分）

（1）节目准点（10分）：严格执行节目时间表，准点播出（含广告播出时间）。若出现不按时间表播发节目的，一次扣2分。漏播、错播、无故停播、无故重播一期扣5~10分。编委会批准的特别节目除外。

（2）节目主持（10分）：吐字清楚，主持流畅，无明显字词句差错，普通话节目无严重发音错误，反之，出现一次扣1分。

（3）节目时长（5分）：节目时长正负误差不得超过30秒，超此规定的一次扣1分。编委会批准的特别节目除外。

（4）公益广告（5分）：每个频率要求按照自身定位每天安排5次以上公益广告，每季度须更新一次，缺一次扣1分；逾期不更换的，视为缺播。

（5）节目预告、宣传（5分）：频率每天安排5次以上，缺1次扣1分。

（6）节目转播（5分）：准时按节目表安排转播其他频率节目，转播前后要有呼台及预告，出现一次差错扣1分。重大事件直、录播、延时转播等特殊原因，汇报值班编委会成员获得同意的节目转播误差，不扣分。

（7）节目呼台（5分）：要求所有自办节目每10分钟左右要呼台1次，缺1次扣0.5分。

（8）节目音频指标（7分）：要达到相关技术标准，若出现不达标现象，凭感官明显感到信号强度差距过大或噪音明显，以致无法正常收听的，每次扣2分。

（9）新媒体推介（8分）：节目中须推介本栏目及旗下的网站、官方微博、微信或QQ群，采取多种形式同受众互动，空缺一次扣2分。

2. 个性考核指标（40分）

（1）新闻类节目。

①节目导向（10分）：节目无政策、法律、宗教等导向性错误，符合其定位。若出现差错，视具体情况扣2~10分。

②节目编排（10分）：节目每期要有一个主题编排，且编排合理、内容充实。缺一次扣1分。

③节目硬性指标（10分）：纯新闻类节目，信息量要达到平均2分钟1条以上，连线稿件不少于2条，每缺1条扣1分。

④播音主持（5分）：节目时长超过10分钟的，要求男女对播或嘉宾参与，不达标的少1次扣2分。

⑤直播节目受众互动（5分）：直播节目要求使用电话连线、QQ、微博、微信等方式与受众进行互动，若节目中没有任何方式互动的，出现1次扣1分。

（2）社教、信息服务类。

①节目定位与主题（20分）：节目无导向性错误，符合其定位，编排有主题，若出现导向性错误、无主题或节目不符合定位，发现一次扣5分。

②节目硬性指标（10分）：本地信息量要达到节目时长的10%，文字量不低于整个节目的70%，直播节目记者（听众）连线每组不少于1次。若本地信息量达不到10%的扣2分，文字量低于70%的扣2分，记者（听众）连线达不到要求的，每缺1次扣1分。

③播音主持（5分）：20分钟以上的直播节目原则要求双主播或请嘉宾参

与播出，私自单播的，1次扣1分。

④节目互动（5分）：直播节目要求使用电话连线、QQ、微博、微信等方式进行互动，若节目中没有任何方式互动的，出现1次扣1分。

（3）音乐、文艺、娱乐类。

①栏目定位与主题（20分）：节目无导向性错误且符合栏目定位、主题鲜明，若出现导向性错误或节目不符合栏目定位或无明确主题，扣10分。

②节目硬性指标（10分）：娱乐、评述性文艺节目，文字量不低于整个节目的20%。欣赏性文艺节目，文字口播量不能超过10%，且要保持作品的完整性。达不到要求的一次扣1分。

③播音主持（5分）：30分钟以上娱乐、评述性文艺直播节目，一般要求请嘉宾参与；没有的扣1分。

④节目互动（5分）：除纯欣赏类节目外，直播节目都要利用电话连线、QQ、微博、微信等各种手段进行互动，若节目中没有任何方式互动的，出现1次扣1分。

（二）电视

1. 共性考核指标（60分）

（1）节目导向（10分）：节目导向正确，符合主旋律要求。若出现导向偏差扣5分；出现导向错误扣10分。

（2）节目主持（10分）：播音准确、吐字清楚，语态和形象与栏目风格相符。若出现字词、语句错播，每处扣1分；若化妆、着装与栏目风格不相符，扣1分。

（3）节目制作（10分）：声画运用得当，符合技术标准；字幕元素完整，且无错别字。若画面出现虚焦、构图不美、重复使用、偏色、夹帧或黑场等非设备原因的失误，每处扣1分；若声音不达标，每处扣1分；无故不打字幕唱词，每处扣2分；字幕出现错字或别字，每处扣1分。特殊原因，汇报值班领导同意的字幕缺失，可不扣分。

（4）节目炒作（推广宣传）（10分）：频道、栏目（节目）或重点报道均要有炒作（推广）宣传片，每月不少于1条，播出频次总计不少于3次/天。若缺1条扣2分，播出频次缺1次扣1分。

（5）节目时长（5分）：自办栏目（节目）时长正负误差不超过30秒。超过30秒，每次扣3分。

（6）公益广告（5分）：每季度有1条自创公益广告播出，频次不少于4次/天，若空缺扣1分；播出频次缺1次扣1分。每季度须更新，没更新的一次扣1分。

（7）节目互动（10分）：节目中须推介本栏目及旗下的PC端、相关官方微博、微信或QQ群，邀请受众互动，没有互动的，缺一次扣2分；直播节目有观众互动或演播室互动，每期节目不少于1次，若空缺扣2分。

2. 个性考核指标（40分）

（1）新闻类节目。

① 选题申报（5分）：每期节目都要有选题申报单，选题申报单须粘贴在稿件上。不完善的，一期节目扣1分。

② 信息量（10分）：《新闻联播》不少于9条/期，民生类节目新闻版块不少于10条/期。缺1条扣1分。

③ 报道题材（10分）：每天有1条重大主题报道、专栏报道、监督报道或引导性报道，空缺一次扣2分。

④ 现场连线或记者出镜（5分）：《新闻联播》记者出镜每期节目不少于1条；民生类节目现场连线或记者出镜每期节目要有2条以上。缺1条扣2分。

⑤ 节目编辑（10分）：认真组稿编稿，制作标题。对重大稿件或具有引导性的稿件，要配发评论、微评或编前编后语，每两期节目不少于1条。若出现文字差错，每处扣1分；若评论、微评或编前编后语达不到1条/每3期，扣2分。

（2）社教类节目。

① 栏目定位与风格（10分）：节目个性突出，符合栏目定位。若背离栏目定位与风格，扣5分。

② 选题申报（5分）：每期节目都要有选题申报，其中领导签字认可的每期要达到2条以上，不达标的每组扣2分。由栏目组报送考评组。

③ 信息量（10分）：资讯类社教节目，本地信息量要达到节目时长的60%以上，达不到的扣5分。

④ 现场连线或记者出镜（5分）：资讯类社教节目每期节目有1条以上。若空缺扣2分。

⑤ 节目编辑（10分）：认真组稿编稿，精心制作标题。若出现文字差错，每处扣1分；其中资讯类社教节目对重大稿件或引导性报道要配发评论、微评或编前编后语，每周不少于1条；每周达不到1条扣2分。

（三）得分应用

（1）得分与部门及部门负责人综合费用挂钩，考核结果占考核部门当月费用份额权重及部门负责人当月薪酬权重，每年由编委会根据不同部门承担的具体职责和任务确定。

（2）节目审看审听以当月 20 日为周期。

（3）分数应用方式如下：

①（100-分数）%×当月部门费用总额×权重=当月部门节目总体质量应扣款；

②（100-分数）%×当月部门负责人薪酬×权重=当月部门负责人节目总体质量应扣款。

三、考核方式及流程

（一）随机抽查

采取随机抽查的形式，每周审看各栏目节目 3 期以上。有关节目生产部门按要求将节目磁带和领导认可的选题申报表或策划书送交考核组。

（1）考核频道：新闻综合、农谷频道全天节目，每周各随机抽查 1 天。

（2）广播每周审听各频率全天节目不少于 2 天，每周审听自办栏目节目各 3 期，其中台确立的重点节目每周必审。相关节目生产部门要及时将领导认可的选题申报表或策划书送交考核组。

（3）电视必审节目包括：所有新闻、资讯类栏目，其他自办节目由考核组随机确定，每周不少于 1 个。

（二）考核要求

考核组要对照考核指标和考核栏目，公正公平地进行量化打分，并记录扣分原因，做好考核表登记。若考核组没有完成考核任务的，将按规定给予适当处罚；每周（以上月 20 日至当月 20 日为月周期）提交 1 份《节目考核情况通报》，内容包括存在的差错及处罚、考核得分等，并书面送交分管台领导、总编室和相关节目生产部门。

（三）公示兑现

考核结果每月由总编室汇总成《月度节目日常考核统计表》，并于当月 25 日前张榜公示；各部门要尊重考核结果，若对考核扣分有异议，可查对或进行情况说明；若不查对或进行情况说明的，视为认可。

第三节 媒体融合——以荆门广播电视台新媒体为例

一、媒体融合概述

美国新闻学会媒介研究中心主任 Andrew Nachison 将"媒体融合"定义

为"印刷的、音频的、视频的、互动性数字媒体组织之间的战略的、操作的、文化的联盟",他强调的"媒体融合"更多地是指各个媒介之间的合作和联盟。互联网技术的进步快速推进了这一进程,各种传统的大众媒体包括学术期刊均积极参与融合进程,取得了很大的进步和较新的发展。媒体融合的目的简单来说,就是把报纸、电视台、电台和互联网站的采编业务有效结合起来,集中处理,资源共享,衍生出不同形式的信息产品,然后通过不同的平台传播给受众。

二、媒体融合的实现途径及职责

(一)媒体融合的实现途径

(1)网站管理。城市广播电视台一般都建有自己的网站,荆门广播电视台的网站是荆彩网(www.jmtv.com.cn),另外还受托管理中国农谷网(www.zgng.gov.cn)。荆彩网(www.jmtv.com.cn)整合了荆门电视台、荆门电台、荆门周刊和广电海慧电影院线等全媒体资源,提供荆门广播电视台各频道、各广播频率视频直播、点播,融合了荆门广播电视台各类媒体,受众可以通过这个网站点击进入荆门广播电视台的任一媒体。

(2)手机客户端信息推送。"荆门视窗"是荆门广播电视台移动客户端,该平台是荆门广播电视台网络广播电视台在线直播平台,提供本地综合新闻、娱乐、生活资讯等网络服务,也是一个新闻直播发布、视频在线服务的互动网站。如电视在线看、广播在线收听、与记者或主持人全时互动;内容包括荆门新闻、荆门生活、影视、资讯、搞笑视频、精彩视频;开设有爆料专栏,以及中国农谷电子杂志等。

荆门视窗

(3)"云上城市"政务平台管理与维护。长江云 APP 是湖北广电长江新媒体集团有限责任公司推出的湖北省省级移动政务客户端,集政务办事、新闻资讯、生活服务三大功能于一体,是覆盖湖北全省的长江云平台 100 多个移动政务服务终端总入口。2016 年 8 月 22 日长江云"云上荆门"移动政务新媒体平台正式上线,由荆门市委、市政府主管,荆门市委宣传部主办,荆门广播电视台承办的"云上荆门"是荆门市的移动政务新媒体平台。"云上荆门"目前分三大板块,分别是新闻、政务、服务。

云上荆门

新闻板块由"头条、湖北、荆门、直播、点播、现场、财经、时局、旅游、书香及本地 7 个县市区"等 23 个频道组成;政务板块由"部门、民声"两部分组成,重点为市民提供政策信息,解决合理诉求;服务板块汇聚当前使用度较高的服务类客户端，如美食、团购、地图、查询、工具书等。

（4）管理维护官方微博、微信公众平台、QQ 群。每个城市广播电视台都建有官方微博、微信公众平台、QQ 群等新媒体，这些媒体传播速度快、互动效果好、影响力大，是媒体融合工作中的新生力量。管理、维护好这些新媒体，事关城市广播电视台的生存发展，因此，一般城市广播电视台都成立了新媒体部（中心），负责新媒体的管理维护工作。

（5）管理维护个人微博、微信。

（二）融合媒体的职责

（1）荆彩网（网站）首页及各分类栏目内容，由网站内部人员负责更新和发布。各频率、频道网页内容，包括图片、文字、重点节目音视频，由各部门安排专人负责上传更新。各媒体重点节目音频、视频每天更新；荆门之声、新闻频道每天更新 10 条以上，其他频率、频道每天更新 3 条以上；频率频道活动及图片即时更新。

（2）荆门视窗手机推送的信息内容主要包括党政主要领导活动、重点报道、民生新闻、监督报道、大型活动，后台更新由荆彩网完成，信息资源由各频率频道相对固定人员通过 QQ 群、微博、微信、爆料平台提供。

（3）各频率、频道、网站和重点栏目要建立微博、微信公众平台、QQ 群。微博、微信名字原则上统一为"JMBTV××××××"。频率、频道、网站和重点栏目官方微博每个工作日固定至少有 3 条信息分享；微信公众平台每日有 1 组 5 条图文信息分享。每月发布原创微博不少于 100 条，原创微信不少于 30 条；每年每个 QQ 群要结合各自媒体情况组织 2~6 次的线下活动。

（4）全台宣传从业人员都要开通、建立个人微博、微信，个人账号昵称不限，每个工作日微博、微信至少分享 2 条信息。

（5）各频率、频道要在节目片中或片尾位置对荆门视窗手机客户端、栏目官方微信微博进行宣传和推广。

① 广播节目主持人口播宣传语。开播语："各位听众，大家好，欢迎收听××频率×××节目，我们的播出频率是×××。同时，您还可以通过荆彩网（www.jmtv.com.cn），或者是下载荆门视窗手机客户端、蜻蜓广播，收听我们的节目。您也可以通过节目点播，收听往期您喜爱的节目。"

节目结尾播报："欲知更多资讯请登录荆彩网和荆门视窗手机客户端。"

② 电视节目主持人口播宣传语及结束字幕。主持人口播："观众朋友好，欢迎收看《×××》。同时，荆门广播电视台××频道、荆彩网、云上荆门、

荆门视窗手机客户端、CMMB 手机电视也在同步直播我们的节目。"

节目结尾处字幕：荆彩网（www.jmtv.com.cn）。同时将"云上荆门"或"荆门视窗"二维码以挂角形式放在屏幕下方。节目结尾时主持人口播提示："欲知更多资讯内容请登录荆彩网和荆门视窗手机客户端。"

③ 荆门周刊的每期节目预告版面刊登。

——"荆门视窗"手机客户端平面宣传图：

——荆彩网平面宣传图：

——"云上荆门"平面宣传图：

第四节　内容推介

一、内容推介概述

内容推介是指各子媒体利用本台全媒体、其他社会媒体、自媒体对本台重要的产品内容、品牌、活动进行推介、宣传的一种形式。

二、内容推介范围

（1）新改版的媒体和栏目；
（2）本台策划的重大活动；
（3）重大连续（系列）报道；
（4）可以预见的重大现场直播或录播；
（5）影视剧；
（6）其他需要推介的活动或内容。

三、推介媒体及形式

（一）推介媒体
广播、电视、报刊、网络、手机客户端、自媒体、户外媒体等。

（二）推介形式
（1）自办栏目推介；
（2）单独片花推介；
（3）新闻推介；
（4）主持人口播推介；
（5）字幕飞播推介；
（6）官方微博微信推介；
（7）网络推介；
（8）其他推介。

四、常态推介的要求

各媒体、栏目负责人要常年对自己的媒介形象宣传语、栏目定位、CI形象标识、节目内容、各种活动等进行宣传推介。

第五节 节目包装

一、节目包装概述

节目包装是指对媒体的整体形象包括音频(语言、音响、音乐、音效等)、视频(固定画面、活动画面、动画)、颜色等方面的整体形象进行设计,用来突出节目、栏目、频率、频道个性特征和风格;确立并增强受众对节目、栏目、频率、频道的识别能力。其目的是规范节目包装制作工序,加强生产环节的质量控制,提升节目包装质量。

二、节目包装流程及标准

(一)流程

节目包装流程:确定需要包装的主体→确定制作包装的整体风格、色彩、节奏等→设计相关文案→进行制作(包括涉及的3D制作、实际拍摄、音乐等方面的制作)→送审→ 最终合成为成片输出播放。

(二)节目包装标准

(1)电视各频道及自办栏目(节目)的形象包装,包括片头、片花、模板、广告语、虚拟背景等;大型活动、重大节庆及重点报道的宣传;大型活动的后期包装;电视剧的预告宣传;精品节目及对外交流宣传片等。

(2)音频类包装含片头、片花、背景音乐、频率栏目推介、重大宣传活动推介等,由制片人创意,主任审定后制作播出。

(3)所有包装、制作须由部门负责人或分管领导审核把关后方能制作播出。

(4)台所有包装、推介、广告、专题片均自行完成,涉及创意拍摄、请演员和超出本台制作能力需请台外专业人员的,部门需书面报告台长签字批准后实施。

第六节 精品生产——以荆门广播电视台为例

精品就是思想深刻、艺术精湛,具有强烈的吸引力和感染力,在社会和群众中产生广泛影响的优秀作品。精品不是指合格品,不是人们日常收听收看广播电视时所看到的一般节目,它在"导向正确"这一前提下,还具有以下五个方面的特质：一是内容深邃，二是特色浓郁，三是个性鲜明，四是制作精美，五是反响强烈。这些都是精品节目应该具备的共性标准。

一、精品（论文）生产管理

（1）台编委会每季度讨论一次精品生产选题，每半年度组织一次好稿评选会和精品生产研讨会。各宣传部门每月要呈报一次精品生产选题，其中新闻中心不少于3个，公共频道及广播新闻综合频率不得少于2个，新媒体中心、荆门周刊、各频率、频道及网站不少于1个。

（2）宣传从业人员每人每年须撰写业务文章（论文）1篇以上。中级以上职称者每年撰写2篇以上业务文章或论文。

二、精品生产流程

记者申报精品选题→部门主任（总监）认可→撰写简易策划书→编委会通过后拿出具体实施方案→相关人员负责具体实施→形成成品后提交分管领导初审→修改完善→编委会储存→参赛或参评。

三、作品获奖及论文撰写任务

（1）荆门之声：全年度要有15件作品参加省级评奖，其中一等奖作品不少于2件，力争获"湖北新闻奖"一等奖1件；在省级及以上刊物上发表论文2篇以上。

（2）交通音乐频率：全年度要有2件作品参加省级评奖，1件作品获奖，力争有1篇论文在省级评奖中获奖。

（3）全媒体新闻中心（新闻综合频道）：全年度要有20件作品参加省级评奖，其中一等奖作品不少于3件，力争获"湖北新闻奖"一等奖1件，在省级及以上刊物上发表论文2篇以上。

（4）公共频道：全年度要有10件作品参加省级评奖，其中一等奖作品不少于1件，力争获"湖北新闻奖"一等奖1件。

（5）教育频道：全年度要有5件作品参加省级评奖，其中获奖作品不少于2件，力争获"湖北广电节目奖"一等奖1件。

（6）新媒体中心：全年度要有2件作品参加省级评奖，1件作品获奖。

（7）城市广播电视周刊：全年度要有2件作品参加省级评奖，1件作品获奖。

四、电视节目后期制作及包装（人员）管理办法

为规范节目包装及制作工序，加强后期环节的质量控制，激励制作包装团队创新创意，特制定本办法。

（一）后期包装制作要求

（1）新闻类节目均要有标准的片头、片尾、字幕模板，节目中枯燥的数据、文字等要用图标、动漫、二维、特技等形式表达，较长的人物通讯均要配乐。

（2）娱乐、语言类音视频节目后期制作除上述要求外，均应尽量使用音效、配乐、小插件、关键字、关键词等表达方式。

（3）专题片、重点报道除上述两项表达方式外要尽量使用逐帧拍摄、快慢镜头、摇臂、航拍等表现手法。

（二）激励机制

（1）后期制作包装人员原则上由频道（率）使用和管理，实行全台打通使用，一人多岗，市场化运作。

（2）各部门要建立完善后期制作包装的考核办法，按工作能力和业务技能及平时工作表现实行梯级奖励、计酬。

（3）台建立后期包装基金 3 万元，每半年举办一场竞赛进行评比，奖励创新创意等。

（4）每年评选 2~5 名制作工匠（广播 1~2 名，电视 2~3 名），鼓励岗位成才。

（5）鼓励个人购买后包设备，对利用业余时间创意包装的节目、产品，台进行收购。

（6）鼓励后期包装制作人员以个人名字建立工作室，台根据工作业绩给予支持，按质收购制作、创意产品。

（7）成立节目后期攻关小组，挂靠在技术委员会，不定期组织后期人员进行专题探讨、互动交流。

（三）培训与交流

（1）由技术委员会或编委会每年派出 1~2 批人员外出学习。

（2）技术委员会牵头每年举办两次小型学习培训、研讨。

（3）每年举行一次技术比武或考试，考试范围为小插件、音效、特技、二维的制作运用及一些模板的运用和制作等。

（4）由台人事部门每年年底组织 1 次考核，实行末位淘汰，有计划、有

目的地引进高素质后期包装人员。

（四）技术服务

（1）加强流程再造，总监和编辑要提前谋划布置二次创作工作选题和素材，总监和编辑要对每天的包装提出详尽的意见和建议。

（2）技术中心要提供好下列服务：① 监督各部门建立自己的小插件、音效、漫画、模块等资源库；② 要建立统一的包装规程及技术指标，印发执行；③ 要定期对空间、硬盘进行清理、二次分配和杀毒；④ 探索对现有设备进行升级兼容的解决方案；⑤ 拿出包装的技术改造和规划意见。

第七节　公益广告

公益广告是指不以盈利为目的，为引领社会新风尚，成风化人，弘扬正气，传递正能量的告知类短片。各媒体必须以高度的政治意识、责任意识、大局意识完成此项任务。

一、流程

子媒体事先向编委会提交公益广告的选题及创意文本，将成品提交编委会或分管领导审核通过后安排播出。

二、管理

根据《广播电视广告播出管理办法》，播出机构每套节目每日公益广告播出时长不得少于商业广告时长的 3%。其中广播在 11:00 至 13:00 之间、电视在 19:00 至 21:00 之间，公益广告播出数量不得少于 4 条（次）。公益广告播出时间广播不得超过 60 天，电视不得超过 90 天。

三、生产

（1）鼓励记者、主持人及其他宣传从业人员积极参与设计公益广告。

（2）上级部门指定下载或制作播出的公益广告，各媒体必须按要求严格执行。

（3）公益广告除在网上下载、上级配发的外，自创自制的公益广告不得少于 40%。

（4）各媒体公益广告播出量每天不得少于 10 条（次）。

四、监管

严格实行分级制作、统一考核、签单播出的监管原则。对播出量和制作量不足的，编委会将予以警告、通报批评。

第八节 播出审查

播出审查是指对本台播出的各种内容进行初审、再审、终审的一种把关方式。

一、初审

初审一般由记者、编辑、播音员主持人、制作人对其内容、技术指标进行初步审，是对内容及技术把关的第一道程序。

二、再审

再审是指出品人或编委会委托副主任、制片人、副总监对已经制成的成品或半成品内容、技术指标进行的再次审查。

三、三审或终审

三审或终审是指编委会领导或编委会指定的宣传、广告负责人主任、总监对播出前的内容、技术指标进行的一次全面把关。

四、重播重审

重播重审是对原来已有的内容产品进行重播时的再一次审查，要求对其内容、时效、技术指标进行播出前的再一次把关。

本台播出的所有内容必须依照三审或重播重审的程序进行把关播出。每一个播出的内容必须有人签字，方能上载上单，进入播出程序。对引进节目和影视剧的审查，由节目科和引进部门负责审查。监督报道、领导特别交代的重要内容，按领导要求逐级送审。

第九节 节目引进

节目引进是指非本台生产的影视剧、广播剧以及广播电视节目和音视频资料等非广告类节目。

一、节目引进原则

（1）引进的各类节目必须严格遵守国家法律、法规及相关规定和宣传纪律。必须是经过广电总局审查批准、获得合法版权的节目。

（2）引进各类节目以"思想精深、艺术精湛、制作精良"的社会效益、经济效益俱佳的精品为主。杜绝引进对社会有负面影响，尤其是对青少年儿童容易产生不良影响的低级庸俗、淫秽色情、虚假暴力等不健康的节目。

（3）对引进各类节目内容的文化观念、生活价值等方面进行严格的审查，不得出现政治、宗教、民族性错误，保证节目的舆论导向符合国家路线、方针、政策。

（4）引进电视剧、广播剧须有本地播出版权，通过正当途径获得。其他节目须对节目生产公司、节目内容等做详细的调查，确保可信后方可引进。原则上利用广告资源置换方式获得引进节目的播出权。

（5）引进节目须合乎频率频道定位，有较高质量，能提升本台形象和影响力。

二、节目引进流程

引进节目实行归口管理。总编室成立电视节目部，在台编委会指导下开展工作，对编委会负责；根据台实际情况，编委会可将广播电视节目的引进委托给广播中心和电视节目部，采取分别引进、编委会审定、总编室备案的方式。

1. 制订规划

每年11～12月上旬，编委会对全台各频率频道来年所需的引进节目进行统一规划，中途改版需引进节目时提前书面申请。

2. 申报申请

各频率频道根据编委会要求和实际需要，向总编室节目部和广播中心提交书面申请，内容包括引进节目的类型、数量、时长、播出时段等。

3. 意向选片

根据各节目公司所提供的节目样片，节目部和广播中心根据需求按200%的比例，收集参考节目样片，供各部门挑选和编委会审定。

4. 集中审定

编委会安排专门时间，对意向性节目进行审看审听，确定最终引进节目名目。

5. 引进把关

编委会确定的引进节目，电视节目由总编室节目部负责统一引进，广播节目由广播中心统一引进。

第十节　节目编排

一、节目编排的原则及管理

（1）原则：广播电视节目编排直接关系到视听效果。结合频率、频道（节目）定位，各媒体要按照差异编排、错时播出、突出特点、形成板块、良性循环的原则进行节目编排。

（2）管理：经营性频道在编委会指导下自行编排，公益性频道由总编室编排；广播频率节目在编委会及中心指导下自行编排。

二、编排流程

（1）每年年底或在需要改版的时间节点上，各频率频道在编委会主导下，对下年度节目进行编排，形成新节目时间表，并以编委会文件的形式予以固化。

（2）节目时间调整、栏目改版，除编委会主导的外，各媒体原则上不得随意变更节目时间表。

（3）各部门须严格按照时间表生产、播出；编委会委托总编室、广播中心对时间表的执行进行监督和调度。

三、编排规则

总编室及相关部门对节目编排（时间表执行）须遵循如下规则：

（1）各频率频道首播自办节目、电视剧必须准点播出。

（2）节目时间表须在规定范围内留足广告时间。广告编排须预留切口时间安排，不得超时。

（3）电视所有栏目（除广告）前均须有内容预告，由总编室制作、安排；广播节目预告和衔接由各频率在广播中心具体指导下实行。

（4）公益广告编排要注意频次和类型的协调。

（5）视剧编排可实行数集连播，剧中一般不插播广告；电视剧赞助广告如遇编排时间困难可对电视剧片头、片尾做出删减；首集出完整片头和部分片尾、中间剧集出部分片头和片尾、末集出部分片头和完整片尾。

四、节目时间表的临时变更

（1）自办节目短期编排变更须向总编室或广播中心递交书面申请，获得认可后才能执行；三期以上的节目变更须向编委会申请，获得认可后才能执行。自办节目编排变更包括：节目时长变更、节目播出频次变更、节目上载方式变更等。

（2）直 录播、专题节目编排，须提前三天以上向总编室或广播中心提出编排申请，经同意后方可按要求生产和上载、播出，否则可不予播出。直、录播、专题节目的临时编排原则上安排在副频道，并不得影响主频率频道首播的自办节目和电视剧固定播出时间。

（3）广告编排变动在切口预留广告时段内的，由广告中心或经营部门自行安排；预留时间使用不足，须提前告知总编室或广播中心以便应对，对不及时告知而造成的播出事故由广告中心或经营部门负责；超出预留广告时间，提前与总编室沟通并获得分管广告和宣传台领导签字认可的，总编室可协调编排，但超时不得超过60秒；超出预留时间，没按要求走相关程序的或超时60秒以上的，总编室有权拒绝编排。

（4）电视剧编排变更由总编室协调安排。

第十一节　节目上载

一、节目上载概述

节目上载是保证播出安全和播出质量的重要节点。城市广播电视台所有电视节目上载均由总编室节目上载组统一完成。上载过程中，工作人员应该对每一个环节投入百分之一百的精力，掌握电视技术相关知识和相关标准及本台节目制作和上载的相关规范和工作流程。只有上载质量有足够的保障，才能实现安全优质播出的目标。

二、上载内容

上载内容包括影视剧和其他非制播传送的不固定自办节目。原则上固定的自办节目通过直播传送网由生产部门负责上传，节目内容由生产部门审核把关。广告节目上载实行制播传送，节目内容由广告中心负责审核把关。

三、上载人员职责

（1）及时上载各种节目。以播出时间为基准，电视剧要求提前3天以上完成上载，活动直、录播节目要求提前1天完成上载，需上载的固定自办节目要求提前半天完成上载。

（2）对上载节目审看把关，做好《上载工作日志》。把关内容包括：影视剧及节目的政治导向、节目时长、节目画面质量、字幕内容等；对发现的问题及疑点在做好记录的同时，要第一时间反映给上载部门负责人、总编室负责人和节目生产部门负责人。

（3）每周提交一份《上载部工作情况通报》，重点反映部门工作人员遵章守纪情况、《播出日志》和《电视剧审片记录》中记载的问题情况及处置情况。

四、上载流程及要求

（1）填写上载单。所有上载节目必须填写节目上载单，提出播出申请，一式两份。创收性节目还必须同时填写广告刊播安排单。上载单（播出单）由节目提供（生产）部门填写。

（2）负责人确认。所有上载单必须有部门负责人签字，确认质量，确认播出安排；影视剧由节目部负责人签字，每部剧一签；创收性节目广告监管部和广告部负责人均需签字；其他自办节目由部门负责人签字。没有部门负责人签字，所有节目不予上载。

（3）播出安排确认。总编室根据上载单申请，与申请部门协商确认播出时间，双方确认后总编室负责人签字。

（4）提交上载。节目提供部门将节目和上载单（必须有节目部门和总编室负责人两人签字）一并交上载部及时安排上载。

第十二节 播音主持

一、播音主持的岗位界定

播音主持人员应该是在播音主持岗位上工作且取得了"双证"的人员。"双证"，即国家广电总局颁发的播音员主持人上岗资格证和国家普通话一级乙等以上等级证书。通过局、台（集团）以播音员主持人名义公开招聘的人员，工作两年内未取得"双证"者取消播音主持岗位资格。

二、播音工作的流程

出镜播音员、主持人应于节目直（录）播前30分钟到达演播室播出岗位：配合灯光、摄像、化妆等完成录制前的准备工作→播音员、主持人查看并熟悉当天播出的节目内容，做到心中有数→直播倒计时10分钟，进入播出状态。

三、播音主持工作标准

（1）出镜主持人必须根据节目特点用标准普通话或方言进行播音主持，方言类节目语速要求放慢。

（2）出镜主持人不得携带手机等通信工具进入演播室，不得将与播出无关的物品放置在主播台上。

（3）出镜主持人在直播期间务必保持良好精神面貌，并时刻注意演播室节目时间提示，注意制片人临时性调整稿件所发指令。在直播流程、时间、通信工具出现疑问时必须及时与导播和制片人进行沟通，遇通信不畅时，在不影响播出情况下，以手势告诉技术人员。

（4）出镜主持人要有应对时间不够、超时、字幕提示器异常等突发状况的心理准备和语言准备。

四、播音主持人员的义务

播音主持人员应该严守工作纪律，服从所在机构的管理，认真履行岗位职责；树立良好的公众形象和健康向上的精神风貌。

五、外出播音主持管理

（1）播音主持人员不得擅自外出为任何单位或个人播音主持任何活动。一经查实，除没收个人违规所得外，视情节轻重给予处罚。

（2）播音主持人员外出播音主持，必须经过总编室与播音主持人员所在部门负责人沟通后，报分管领导和主管领导同意，并开具外出播音主持派遣单，方可外出参与播音主持活动。

（3）外出播音主持管理

播音主持人员外出播音主持，由总编室统一商谈价格并收取费用，一次性交台财务科。30%用于播音主持指导小组费用开支，70%发放给承接任务的播音主持人员。如特殊情况不收费，则需分管领导、主管领导及台长签字同意。

六、形象代言管理

（1）总体原则。播音主持人员任何代言行为均必须符合国家和地方法律法规，不得有损本台利益和影响播音主持人员公众形象。

（2）代言范围。播音主持人员代言行为仅限于企业和公益活动形象代言，不允许为企业单个产品代言，尤其不能为农药、种子、化肥、医药、食品等产品代言。

（3）代言申报。播音主持人员代言必须首先向总编室申报，由总编室组织相关人员和部门对企业的资质、经营状况和社会声誉等进行初步调查，向分管领导、主管领导及台长书面报告（附单位法人资格证或企业工商营业执照及税务登记证复印件），经台领导审批后方可进行代言活动。

（4）合同签订。播音主持人员代言费用一律按税后协商，媒体运营中心的客户由媒体运营中心协商代言费用。代言合同内容需按总编室提供的标准合同样本填写（可根据实际情况进行增减），由总编室监察组审看后送分管领导、主管领导及台长审批，最后由本人签订合同，总编室监察组负责监督检查合同落实情况。

（5）费用分配。在播音主持人员代言费用总额中，台按30%比例提取包装推介和管理费用，播音主持人员提取70%费用。播音主持人员代言费用中不包括广告片制作费用，如果企业委托台策划制作，则费用另行商议。

（6）所有播音主持人员代言费用需先交台财务科，由台财务科按比例发放。

（7）播音主持人员要自觉维护个人及本台形象，不得擅自与商家商议增加合同规定以外的项目，不得随意外出参加商业活动。一经查实，则严肃处理，直至终止代言合同，一切后果由播音主持人员本人承担。

七、主持人塑造和激励办法

（一）主持人政治待遇

（1）优先推荐符合条件的主持人担任人大代表、政协委员或在"工青妇"组织担任一定职务。同等条件下，优先提拔到其他领导岗位工作。

（2）优先推荐主持人参加其他专业社会团体的活动。

（二）主持人岗位考核、津贴及奖励标准

（1）岗位考核：将主持人考核纳入台考核而不限于部门考核；重点栏目

主持人支付特殊薪酬，栏目内分首席和其他。

（2）岗位津贴：取得"双证"且在主持岗位工作一年以上五年以下（含五年）的主持人每月补助 200 元；取得"双证"且在主持岗位工作五至十年（含十年）的主持人每月补助 400 元；取得"双证"且在主持岗位连续工作十年以上或者取得副高职称且在主持岗位工作的每月补助 600 元。主持人岗位津贴由台另行预算，不在主持人所属部门中开支。无正当理由不参加台组织的公益活动和赛事的，取消补贴。

（3）十大主持人的评选要形成惯例，两年一届，凡是被评上的候选人一次性奖励 2000 元，凡是被评上十佳的每人一次性奖励 5000 元以上（视创收情况而定）。

（4）在主持岗位工作的人员应积极主动参加考试取得"双证"。未取得"双证"者或者新进人员，台给予三年的宽限期，宽限期内减半发放岗位津贴。

（三）主持人培训、学习与交流

（1）建立台长基金，每年拿出 5 万元以上来对主持人进行培训，一年培训两次以上，包括化妆和服装的搭配等。

（2）每年适当地派两批左右、4 人以上外出学习，适当地进行岗位交流。

（3）人事部门组织，加强主持人学习培训。

（4）每年外派两名主持人到地市级以上广播电视台进行交流学习，时间不少于 1 周，费用由台长基金承担。

（四）主持人使用

（1）在主持人队伍中引入竞争机制，每年可到高校招聘主持人，内部实行竞争上岗。

（2）为主持人量身打造节目和栏目；鼓励主持人张扬个性，形成特色，今后除时政新闻类节目需要端庄大方外，其他节目都要诙谐幽默、接地气。

（3）打造重点节目，每个频道、频率要打造一个本台原创节目。

（4）主持人实行台内打通使用，市场化运作；建立以主持人为核心的节目生产体系，既可以以主持人的名字命名，又可以以主持人的团队命名，主持人必须是这个栏目的制片人或这个部门的副总监，由主持人来筛选团队，切切实实将责、权、利捆绑起来。

（5）除时政新闻类节目外，鼓励主持人在主持过程中使用方言、英语、网络语言及其他不违反国家语言文字规定的语言符号。

（6）全台性节目或活动及台外对主持人的调度由台总编室统一调度管理。总编室协调的台外的无偿主持活动，由台每次给予 100～200 元的补贴。

（五）执行及处罚

（1）主持人岗位津贴实行按月发放（次月上旬发放），由台人事科和总编室播音指导小组共同进行认证、会商、签字后发放。

（2）会商小组根据部门负责人签字确认的月度工作考核表考核主持人补贴发放，完成工作任务，工作无岗位责任事故才能全额发放岗位津贴。一月内出现三次以上（含三次）一般性差错的，或一次重大差错、两次较大差错的，不享受岗位津贴。出现一次一般性差错一次扣罚100元（直播口误除外），较大差错的一次扣罚200元以上。一般性差错指读音错误、音调错误、咬字不准；较大差错指人名读错、领导排位出错、关键词语读错等；重大差错指导向、宣泄不满情绪、领导姓名、职务差错滥用网络不实消息带来一定后果的。

（3）主持人请病（事）假超过一周的，不享受岗位津贴；主持人未与台签订正式合同的，或不在本岗位上工作的，不享受岗位津贴。

（4）所有主持人必须完成台提前半天通知的公务活动和重大公益活动。不服从台办公室、总编室调遣的，不享受岗位津贴。

第十三节　选题申报

选题申报是全媒体进行节目生产和管理的一项十分基础而又重要的工作，宣传从业人员在从事内容生产前必须提前进行申报，其具体流程如下：

（1）个人填报。全媒体内容生产者在节目的制作、播出、新闻的生产、专题的设置、活动的直播等之前，个人必须填写选题申报表。选题申报表文本如下：

广播电视台选题申报表

频率（频道）　　　　　　　　　　　　　　申报时间：　月　日

栏目	申报人	选题	体裁	时长	完成时间
节目策划					
部门负责人审批			编委会审批		

选题申报表填写要求如下：标题制作精炼、生动，原则上不超过12个字；记者出镜的视频要标明出镜的地点及相关背景；选取鲜活的事件和人物作为新闻事件和节目的切入点；精心提炼好主题，说明用什么样的事实来深化；标明在全媒体中选取哪些媒体进行互动。

（2）把关人签字。根据媒体管理的不同特点和流程，可由中心主任或副主任、频率频道总监或副总监、制片人担任选题申报把关人。

把关人要对上述个人申报的内容进行审核并提出修改意见，切实在采访路径、主题提炼、节目语态、表达方式、媒体融合上提出建设性意见并签字。

（3）选题申报单必须要在记者采访前完成，除不可预测的突发事件外，不可事后补填。

（4）记者编导将选题申报单粘贴在稿件或节目生产单上留存。

（5）编委会定期或不定期地对选题申报进行检查。

【 拓展阅读 】

资料一：《引进、播出境外电视节目的管理规定》

资料二：《互联网站登载新闻业务管理暂行规定》

资料三：《互联网信息服务管理办法》

第三章 视频节目生产流程和标准

第一节 电视时政新闻的拍摄流程和标准

一、城市常委会、全会、"两会"等重要工作会议的拍摄流程和标准

（1）记者必须提前15分钟进场，进场后须将摄像机、三脚架置于主席台下方，做好拍摄准备工作。记者进场后须向市委办公室人员及会议方索取并阅读会议议程，掌握会议精神，策划拍摄内容。

（2）拍摄画面中必须要有规范、整齐、大气的全景画面和交代会议标志的特写镜头。

（3）画面必须保证领导们的最佳形象。每位常委的画面必须体现情绪饱满、坐姿端正、聚精会神。不要拍摄领导们低头出现头顶等画面。如经过多种努力拍摄不到领导们的最佳画面，可主动上前对领导进行提醒。

（4）镜头主体的背后环境需整洁、美观，不可出现人员走动、杂乱无章、颜色混乱等现象，如有类似情况出现，需随机应变，及时处置和改善。

（5）市委书记讲话时至少要拍摄左中右三个不同角度的特写镜头，每个镜头停留30秒以上，并且保证每个镜头中书记神情亲和，情绪饱满。

（6）市委书记听取汇报时也要拍摄左中右三个不同角度的特写镜头，其中包括认真记录和专注听取的镜头，且每个镜头保证在10秒以上。

（7）市长如有发言，须拍摄到至少左中右三个不同角度的特写镜头，停留30秒以上，并且保证镜头中市长的神情亲和，情绪饱满。

（8）市长听取市委书记讲话或其他参会人员汇报时须拍摄两个有效镜头，包括记录和听取的镜头，且每个镜头保证在10秒以上。

（9）市委副书记要参照政协主席的拍摄标准执行。

（10）政协主席要参照正厅级领导镜头标准，拍摄左中右三个不同角度的特写镜头或左中右三个不同角度的特写听会镜头。

（11）其他常委和副市级领导参会，须按两种取景方式至少拍摄两组有效镜头：一种方式是每人拍摄一个特写镜头，且每个镜头保证10秒以上；另一种方式是按照两位相邻常委为一幅画面的模式，按照现场领导座次情况，拍摄一组固定的中景镜头，再拍摄一组横摇的镜头。

二、市主要领导（市委书记、市长、市委副书记、政协主席）考察调研拍摄流程和标准

（1）记者必须提前15分钟到达集合地点，向考察组织者报到。报道后须向考察组织者索取考察行程，掌握考察精神，策划拍摄内容。

（2）记者拍摄的镜头要丰富，要有多个全景、中景、特写，要从多个角度拍摄领导人的特写镜头，注意捕捉领导亲民、爱民的生动场景和画面。

（3）要拍摄到领导与考察对象或现场环境联系的关联镜头，多捕捉领导现场讲话、指示的镜头，避免全部是汇报者在讲话，并注意轴线与视觉方向。

（4）记者在拍摄主要领导的镜头时，领导背后不能出现其他陪同领导和人员状态不好的画面，镜头要规范，主题要清楚。

（5）在保证主要领导镜头充足的情况下，要给一起调研的其他市领导每人至少拍摄两个有效镜头。

（6）记者拍摄时要注意补充交代现场环境的镜头，争取做到不用播音员多作解说，也能让观众通过镜头，知道领导是在哪里调研、调研了些什么、和哪些人有过交流、现场情绪和表情如何。

（7）市委书记考察、调研的现场一律录现场声。

（8）禁止下列画面出现：① 车排成长龙的；② 前呼后拥的；③ 有人打伞的；④ 领导指指点点的；⑤ 随行工作人员抽烟的；⑥ 领导到工地不带安全帽，到食品企业不穿工作服的；⑦ 领导到救灾现场、贫困家庭等特殊场合衣着穿戴与环境不相符的；⑧ 其他有损领导形象的画面。

三、市领导会见拍摄

（1）记者必须提前15分钟进场。

（2）记者进场后须将摄像机、三脚架置于主席台下方，做好拍摄准备工作。

（3）记者进场后须向市政府办公室人员及会见组织方索取并阅读会议议程，掌握会议精神，策划拍摄内容。

（4）全景要大气、规范，避免出现空座位。

（5）抓拍市领导讲话时较好的表情，选取市领导的正面镜头；拍摄会见对方认真听取的画面，要拍摄点头或微笑等回应交流场景。

（6）要拍摄陪同人员的正面镜头，坐端正；后排工作人员可不拍摄。

四、市领导现场布置任务，信息反馈工作要求

（1）市委书记、市长、市委副书记、政协主席、宣传部长现场布置的任

务、事情，要第一时间向部门主要领导汇报，以便部门及时安排跟进报道，部门领导接到任务后必须向台长和分管台长汇报。

（2）市委常委调研时，如对某个地区或人物有较高评价的，要及时汇报，为下一步报道做准备。

五、主题报道拍摄

（1）根据上级安排或对口行业的线索确定选题，根据新闻的播出时间，提前策划，提前拍摄。

（2）重大主题报道的采制必须提前着手准备，承担任务的记者至少在播出日之前5天拿出预告炒作方案，提前1天提交文稿或画面，以便推介或配评论。

（3）采访典型人物时，要尽量采访到相关问题的权威人士。

（4）采访典型人物的要求：一是被采访者的背景环境必须切合全篇内容，尤其是上下文内容。行业报道的被采访者背景，要与被采访者的职业、身份和工作环境相吻合。二是环境声音不得大过被采访人讲述的声音，尤其是参加活动时，要注意背景音乐的内容和音量大小。三是采访时必须用台标话筒，走基层等现场体验、记录式报道除外。

（5）记者出镜画面拍摄要求：出镜分为两种基本方式，一是现场出镜，找准现场标志性环境、现场细节或物品、现场正在进行的活动等出镜解说。二是以"记者感言"的形式在片尾出镜，提炼全篇中心思想，引导观众思考。出镜人员着装必须与现场环境相适应，如大型会议、活动着正装；上山下乡走基层等着装应简朴、自然。出镜记者的取景必须是中、近景。

第二节 电视新闻节目生产制作

电视新闻是利用电视传播媒介，对新近发生、发现或正在发展变动的信息进行公开传播的一种行为。

一、电视新闻节目分类

电视新闻节目作为通过电视媒介进行信息传播的节目的总称，包括各种新闻报道形式和节目传播形态。根据不同的标准，电视新闻可以有多种分类。根据体裁，可以分为消息类、专题类、评论类；根据内容，可以分为时政类、经济类、法制类、社会类、科教类、体育类等。本流程与标准从电视新闻中心节目生产与组织的实际情况出发，为了便于实际操作，将电视新闻节目分为时政新闻节目、民生新闻节目、新闻评论节目和新闻现场直播。

二、电视新闻节目生产岗位职责

（1）记者负责选题的申报、落实；外采的组织、准备、实施；新闻拍摄、新闻稿件的写作、新闻节目的制作和送审。

（2）栏目制片人负责选题策划、组织实施、节目的初审、版面的编排、节目的安全播出。

（3）编辑负责新闻稿件的初审、版面的编排、节目播出的协调。其中，包装编辑负责日常新闻节目、栏目的包装制作和公共频道的整体包装。

（4）主持人负责配音和播出出镜，维护屏幕形象。

（5）技术人员负责新闻节目制作播出的技术保障和安全播出。

（6）主任（总监）负责新闻节目选题的策划和把关、重大新闻的组织协调、节目质量的审查把关，人员素质的培训提升。

三、一般电视新闻节目生产工作流程及标准

（一）流程

记者根据编委会、频道关于新闻宣传工作总体要求，了解掌握对口战线（行业）、部门及地区的全局、局部和典型等情况→采访对口战线（行业）、部门及地区的主要或分管领导→采访对口单位有关业务部门，收集相关文件、资料，妥善保管，注意保密；如对方有要求，应及时归还相关文件和资料→记者、编辑从中掌握全局及典型的情况。

（二）标准

（1）记者在采访前应预约，提请被采访者提前做好准备；

（2）必须对了解到的情况给予核实；

（3）对所有采访必须保留可查的详细记录（文字、视频、录音均可）。

四、重大新闻选题节目生产的流程及标准

（一）流程

由市委市政府、市委宣传部等上级部门将宣传指令下达至台总编室→报请台领导批准→给相关新闻部门下发宣传指令→新闻部门组织相关执行人员召开策划会，根据相关要求，布置各岗位任务，撰写具体的实施方案→各岗

位人员按实施方案完成报道任务。

（二）标准

（1）记者必须根据实施方案完成报道任务，不可跑题、偏题，如非必要，不要过多发挥。

（2）相关岗位必须分工明确，防止互相推诿妨碍完成任务。

五、时政新闻的选题策划流程

（1）有新闻播出任务的部门必须安排专职人员与台总编室以及上级、行业主管部门对接，及时承接时政新闻宣传任务并向部门领导转达。

（2）日常选题（一般会议和事件性报道）由新闻部门的值班主任和制片人负责根据栏目或节目定位进行策划，分派给相关记者完成。

（3）重要时政选题由新闻部门主要领导召集策划会议，商议报道方式和报道内容，由专职策划人员具体撰写文案报台领导。

六、民生新闻的选题策划流程和标准

（一）分类

1. 热线选题流程

新闻部门栏目相关负责人根据栏目定位，从热线来电中选取选题→分配给记者→记者完成采制。客观原因导致无法完成的，记者必须第一时间向选题制定者反馈。

2. 战线选题流程

跑线记者根据栏目定位向栏目组相关负责人申报→相关负责人认可→记者进行采制。

3. 策划选题流程

新闻部门栏目组定期召开策划会研究选题→栏目相关负责人确定→下达给记者完成→节目播出后及时总结。

4. 突发事件选题流程

栏目相关负责人根据栏目定位确定→报请频道负责人审定→拿不准的报请台领导和台编委会审定。

5. 其他媒体选题流程

记者从网络或报纸上发现可拍摄选题→向栏目相关负责人申报→相关负

责人认可→记者进行采制。

（二）标准

民生新闻以"反映民声、关注民意、表达民情"为指导思想，选题以"贴近群众、贴近生活、贴近实际"为原则取向，在确保新闻真实性的前提下，兼顾关心群众、为民解忧等社会效益。

七、新闻评论节目的选题策划流程和标准

（一）流程

新闻部门定期召开策划会→栏目相关负责人确定选题→交给新闻栏目编辑记者实施。

（二）标准

新闻评论节目选题标准参照新闻时政节目选题标准，主要以国内、国际时事、政治、军事热点为主。

八、新闻直播节目的选题策划流程和标准

（一）流程

记者详细了解、掌握新闻事件的实际情况，对选题进行核实，判断是否采用直播形式报道→记者向栏目制片人提出直播申请→栏目制片人确定并报部门和频道领导批准是否进行直播→重大直播须报台领导和台编委会审定。

（二）标准

新闻直播的事件应是群众普遍关注的事件，新闻性和现场感强，能将受众第一时间带入到正在发生的事件中。

九、电视新闻节目外采准备

（一）流程

记者接收任务，填写设备借出单→记者将设备借出单提交给制片人或责编审看，制片人或责编确认无误后在单据上签字→记者从技术部门借出摄像机、话筒、机头灯、磁带、储存卡等必要设备→记者借到设备时，应仔细检查设备运转状况，确保设备离台时无故障→拍摄过程中应爱惜设备，避免因错误操作或粗心大意造成设备损坏→拍摄结束后归还所借设备。

（二）标准

（1）记者按照采访需求选择采访设备设施，填写设备借出单内容必须详

尽、真实，不可弄虚作假。

（2）所有上宣节目的拍摄必须使用高清摄像机，其他频道的新闻节目在高清改造之前使用标清设备拍摄。

（3）设备发放前，由技术人员检查摄像机的录制格式、推拉、录制、P2卡以及磁带、三脚架、机头灯、话筒、电池等状态，合格后才能发给记者。做好借出时间、借出人员姓名等登记工作。

（4）记者外出时必须携带装摄像机的箱子。如长期出差，应作特别记录，填写设备外借单。

（5）记者归还设备时，管理人员必须检查摄像机的外观、镜头盖、推拉、录制等功能，P2卡、三脚架、机头灯、话筒的状态等是否完好，如发现有损坏，报中心办公室。确认设备完好，装箱放回原处，并做好登记工作。

（6）技术人员负责前期设备的维护保养，如出现故障应及时送维修站维修。

十、电视新闻节目外采拍摄标准

（1）所有的高清摄像机一律采用 1080/50i 记录格式。

（2）高清摄像机设置 4：3 安全框，拍摄过程中以该安全框为准。取景时画面以 4：3 构图为主，兼顾 16：9。

（3）声音采录：①1 声道（CH1）设置为随机声（环境声）通道，设置面板选择为 FRONT，即摄像机前端的话筒；音量可以设置为 AUTO（自动）。②2 声道（CH2）设置为人物采访话筒声道，设置面板选择为 REAR-MIC。音量大小需要在采访前进行设置，设置为 MANUAL（手动），具体采访时进行微调，电平大小在刻度-20 到-10 之间 最高不要超过 0 dB（小设备没有数值刻度表，音量大小控制在设备音量指示中部的两个刻度范围之内）。③为保证外采时的音频质量，所有记者必须随身携带监听耳机。

（4）记者在实际操作过程中若遇到虚焦情况，需采用以下方法聚焦：一是充分利用寻像器的 Peaking 功能；二是用好辅助聚焦功能；三是掌握控制景深的方法，尽量在新闻中获得大景深。

（5）高清画面的拍摄标准：①光圈在 3 至 5.6 之间；②人物拍摄，近景2.5米至 4 米；③画面按 4：3 构图，兼顾 16：9；④必须使用三脚架；⑤画面推拉摇移的速度较标清摄像机应缓慢一些（约 25%）。

十一、电视新闻节目外采灯光标准

外出采访室内灯光照度不足时，临时布光应主体突出，轮廓清晰，面部及颈部无明显阴影。

灯光要满足电视特性，符合摄像的技术要求，当摄像机的光圈为 5.6、色片 1 档（3200 K）时，采访区照度在 350 lx（勒克斯）至 700 lx（勒克斯）（动态范围在 5%以内）。

画面标准如下：

（1）画面稳定：① 三脚架拍摄：保持画面基本线条"横平竖直"，镜头的拍摄必须符合观众的思维方式和视觉观察规律。② 非三脚架拍摄：多用固定镜头，推、拉、摇、移等运动镜头，要用得恰到好处，根据其不同的功能，有目的地使用，增加新闻的表现力。

（2）主体明确。在拍摄电视新闻画面镜头时，首先要确立新闻事件的主体（人物），并通过构图处理好主体与环境、主体与背景等其他画面结构内容之间的相互关系。

（3）方向正确。在电视拍摄过程中，要注意保证拍摄方向的统一性，必须熟练掌握"轴线"规律。"轴线"就是指被摄对象的视线方向、运动方向和不同对象之间的关系所形成的一条假想的直线或曲线；在进行机位设置和拍摄时，要遵守轴线规律，即在轴线的一侧区域内设置机位，不能"越轴"或"跳轴"。电视新闻画面较之其他节目的画面更注重方向性和逻辑性，在拍摄一组相连的电视新闻画面镜头时，规定摄像机拍摄总方向限制在轴线（被摄体）同一侧，不能越过轴线。如果越过"轴线"，就会破坏空间同一感，造成观众对画面的误解，即我们常说的"越轴"，这是电视拍摄的一个基本规律，在新闻节目的画面中更是重要，以便避免对观众的误导。

（4）背景协调。在电视画面构图中背景是画面中距离摄像机镜头最远的景物，是环境的重要组成部分。背景可以发挥出环境表现的功能，丰富画面内容，对主体起烘托的作用。在电视新闻画面的拍摄中不但要重视新闻主体的拍摄，而且要细心地安排好新闻主体所处的环境，即对新闻主体背景的拍摄，使得观众看到新闻事件发生的特定地点和场所。对电视新闻背景的处理其实就是对新闻事件发生地点和场所的明确交代，这在新闻报道中极其重要。

（5）无限幅、曝光过度、过度逆光、偏色等现象。

十二、电视新闻节目的写稿

（一）流程

记者登录文稿系统→按照规范操作，完成文稿写作→提交文稿审查→责任编辑对文稿进行初次审看，根据节目需要作出修改，审定后提交→制片人或总监（主任）对文稿进行二次审看，最终确定文稿。

（二）标准

（1）文稿写作须符合电视新闻写作的基本要求，要符合视听思维规律，叙事清楚，逻辑缜密，立意明确，简洁扼要，没有常识性错误，不违背相关宣传纪律。

（2）语言生动简洁，逻辑性强，有角度，有观点，评论见解独到，对新闻价值的挖掘深刻。

十三、电视新闻节目的配音

（一）流程

配音主持人从文稿网上查找出经制片人或总监（主任）审核后的文稿→配音主持人按照文稿内容，在非线性编辑系统上完成配音，并对配音文件做好标记储存→文稿显示已配音，便于编辑人员查找。

（二）标准

（1）配音时须保持良好的精神面貌和积极的工作态度，规范使用国家通用语言文字，维护祖国语言和文字的纯洁，发挥示范作用。

（2）用标准普通话进行配音。不得在普通话中夹杂不必要的外文，不模仿有地域特点的发音和表达方式。遇到生僻字和拿不准的名词必须查字典，不能凭经验感觉。

（3）严格执行配音技术质量标准。

日常配音电平范围为：-20 dBFS～-10 dBFS；配音工作站显示刻度为-20～-10 的刻度区间之内。

（4）录音组每天定期对配音音量情况进行核查，每次在同一配音站点换人的时候，需要对电平大小进行重新校正和调整。

十四、电视新闻节目的剪辑

（一）流程

记者将新闻素材上到新闻非编网→对照新闻稿和配音进行画面编辑→添加字幕、特效、人名字幕条、唱词等元素→特效包装可在专业人员帮助下完成→成片后提交送审→值班领导审看通过，没通过的则由记者根据值班领导审看意见进行修改→再提交审看，通过的成片由编务下载到磁带备播，或者上传至硬盘播控系统备播。

（二）镜头剪接标准

（1）镜头主体突出，轴线明确，符合逻辑，衔接流畅。

（2）符合蒙太奇组接规律。

（3）成片不得出现黑场、夹帧，字幕不得出现错别字，被采访者名字职务不得张冠李戴，景别的运用合理，特效恰当。

（4）单片时长应控制在合理围内：简讯不超过20秒，一般消息不超过1分30秒，深度报道不超过3分30秒，重大主题报道不超过4分30秒。

（三）音响剪接标准

（1）记者在剪辑过程中，新闻音配比应控制在7∶3，具体为配音电平范围为：-20 dB至-10 dB，同期声的电平范围-40 dB至-30 dB，然后提交送审。

（2）新闻专题音配比为6∶4。

十五、电视新闻节目的包装

（一）流程

（1）中心主任或频道总监下达任务给编播部，由编播部主任布置给包装组，限期完成。

（2）由有包装需求的部门向编播部提出申请，经编播部主任核准后，布置给包装组，限期完成。

（3）在线包装由记者与在线包装、日常节目包装的值班人员直接沟通，在规定期限内完成。

（三）标准

（1）所有包装应符合频道和栏目的包装风格、定位以及宣传推广需求。

（2）包装应统一运用频道固定的标识、色彩风格、字体、配音风格、音乐效果、特技出入方式。

（3）小片头时长规范为15秒、20秒、25秒或30秒。

（4）宣传片时长规范为25秒、30秒、60秒。

十六、电视新闻节目的审片

（1）严格按照城市电视台宣传管理规定等相关制度组织开展新闻节目的审片工作。

（2）进行时政新闻审片时，在重大时政新闻硬盘推送的同时要同步录制磁带（备播）。

（3）审片时主持人、当班编辑、主任要到位，若有问题，及时修改。

（4）审片时声音控制在-20 dB至-10 dB。

十七、电视新闻节目主持人

（一）流程

出镜主持人应于节目直播前30分钟到达演播室播出岗位，配合灯光、摄像、化妆完成录制前的准备工作→主持人查看并熟悉当天播出的新闻导语，做到心中有数→倒计时10分钟，进入播出状态。

（二）标准

（1）出镜主持人必须用标准普通话进行播音主持。

（2）出镜主持人不得携带手机等通讯工具进入演播室，不得将与播出无关的物品放置在主播台上。

（3）出镜主持人在直播期间务必精神集中，保持良好精神面貌，并时刻注意演播室节目时间提示情况，注意制片人进行稿件临时性调整所发指令。在直播流程、时间、通讯工具出现疑问时必须及时与导播和制片人进行语言沟通，遇通讯不畅时，在不影响播出情况下，以手势告诉技术人员。

（4）出镜主持人要有应对时间不够、超时、字幕提示器失效等突发状况的心理准备和语言准备。

（5）出镜主持人化妆标准：①严格按照台总编室组织的定妆风格维护。②男主持人要求做到：妆面自然、柔和、干净无痕迹感，发型精致、时尚、大方、干净，不做过多的修饰。服装选择：大方、得体，不穿奇装异服，尽量不选择厚面料的西装，避免使用含有发光材料的面料，颜色不能过于强烈；衬衫可选择干净的纯色面料（如纯白、浅粉、浅米黄等），不选择有花纹和图案的面料，西装、衬衫、领带搭配协调。③女主持人要求做到：妆面清新、自然、柔和、亮丽，色彩协调，贴近生活，具有亲和力。发型时尚、大方、自然。服装要求大方、得体，色彩柔和，样式新颖，外套与打底衫质地、颜色协调，对比度不可过于强烈。外套的面料避免使用含有发光材料的面料，打底衫多选用锦缎、丝绸、丝绒等面料，颜色最好为纯色，不能有过多的装饰（如闪亮片、图案等）。

十八、电视新闻节目的嘉宾

（一）嘉宾选择标准

1. 行业的代表性

（1）评论员或特约评论员必须是经济、政治、社会、文化、科技、军事、新闻传播等方面的权威专家。

（2）个人品德良好，无任何政治、道德、经济问题。

2. 形象的可视性

（1）屏幕形象与个人气质好。

（2）稳重大方、有亲和力。

3. 表达的流畅性

（1）评论观点新颖、深邃、独到，有引导力，无导向错误。

（2）评论语言简洁、生动、流畅，思路清晰，反应迅速，知识渊博。

（二）接待嘉宾流程

制定选题→编导必须在节目录制前与嘉宾沟通选题内容、需要回答的问题以及来台时间、路线和着装要求，让嘉宾做好录制准备→嘉宾来台→演播室编导把嘉宾接到化妆间，专业化妆师必须提前半小时到达→嘉宾化妆→开始录制节目→录制完毕，由专人送嘉宾离开。

（三）嘉宾的录制标准

（1）电话采访嘉宾：要求声音清楚，无电流等杂声。语言有条理，观点鲜明。嘉宾照片用一寸彩色近照。

（2）外景采访嘉宾：要求取景构图工整，背景漂亮，专家声音大小适中，无杂音。

（3）演播室嘉宾：要求灯光明亮、构图工整、声音正常。所谈话题有新意、有情节，语言生动，有吸引力。

十九、演播室灯光流程和标准

（一）技术流程和标准

（1）负责新闻演播室灯光的灯光师要能熟练运用所有灯光器材。

（2）每次值班前都要检查灯具及灯光的信号系统、调光系统、灯具控制系统、吊挂系统、备份系统、强电控制系统，确保新闻演播区的灯光设备都能正常工作。

（3）对灯光设备要定时维护（每月 15 日），每个演播室的灯光设备都要保证正常运转，对设备的维修和维护要常态化。

（4）对灯光的突发事故要有应急方案，能及时启用灯光备份系统。

（二）新闻演播室灯光流程和标准

（1）流程：为每位出镜主持人进行定光设计→演播室灯光师根据出镜主持人的灯光要求调整灯光。

（2）标准：

① 演播室灯光，当摄像机的光圈为 5.6 时，演播区综合光的垂直照度不小于 2000 lx（勒克斯）；演播区色温为 5600 K（动态范围在 5%以内）。

② 灯光布光的光比要小，背景环境光与面光比不大于 3∶1，不同区域照度要一致。

③ 用光主体突出，面光、背景光、辅助光灯位必须合理。面部及颈部无明显阴影。

④ 面光在 480 lx 至 700 lx 之间。

⑤ 色温定在 5600 或 3200，尽量不采用 4500。

第三节　电视新闻移动网络直播流程和标准

移动网络直播可以最大限度地满足新闻快速、机动性需求，将新闻现场的信息在第一时间回馈给广大受众。新一代移动网络技术的应用是现代新闻传媒发展中的阶段性产物，体现了新闻时效，解决了同步发生和新近发生之新闻事件的快速报道问题，是电视媒体综合素质和实力的集中展示。新一代移动网络直播过程中，安全播出是一切工作的中心，所有采、编、播、技术人员对此负有直接责任，需要前后期协同作战。科学、严明的节目编辑及制播流程是实现安全直播的关键。

一、移动网络直播设备及检查工作

移动网络直播设备主要包括摄像机、移动网卡、电池、话筒、多种连接线以及其他辅助配件。记者和摄像在领取设备时，应配合技术人员对外出前端全套设备进行测试，确保全流程设备工作正常。

二、播前准备

（1）记者和摄像到达直播地点后，应主动联系后方工作人员，包括演播厅直播节目责编和技术人员。

（2）开启摄像机及移动网卡，测试视、音频信号能否通过网络专线及移动网络服务端顺利传至演播厅，其中音频部分需完成前方出镜记者和演播厅主持人间的交互通话。

三、移动网络直播

（1）播前10分钟，由演播厅编辑通知前方摄像开启设备，完成前后方的播前信号测试，并密切监视设备及信号状态。

（2）播前1分钟最后提示前方记者和摄像准备开始直播。

（3）直播过程中，如果没有特殊要求，受移动网络信号回传延时问题的影响，主持人与前方记者采用一问一答的形式，应尽量避免多次交流。

（4）直播完成后，前方记者和摄像应在接到演播厅值班制片人的指令后，方能解除直播状态。

第四节 电视新闻直播栏目播出流程和标准

一、演播室直播前工作流程和标准

（一）职责

（1）栏目制片人：组织并参与节目审片，及时修改并排定串联单，统筹责任编辑和助理编辑做好直播前准备工作。

（2）责任编辑：编写并制作当期直播节目的提要或导视，根据串联单与技术字幕人员一起核对编排、标题、字幕。

（3）助理编辑：负责审片时放带，做好审片修改记录，清理并保管好已审查通过即将播出的新闻节目带，准备好备播带，做好直播准备。

（4）记者：负责采制新闻的上载及初编，按照审片意见修改节目直到终审通过。

（5）包装人员：负责新闻节目的小片头、题花、图标、图示、题板等包装项目的制作。

（6）技术人员：做好直播前音响、灯光、机位调试、直播台的开启等技术保障；负责提前30分钟与总控机房做好沟通工作，确保直播通道的安全畅通。

（7）主持人：负责当期节目的配音，提前30分钟完成直播前的造型，熟悉串联单、导语，提前15分钟进入演播室待播。

（二）流程

（1）编播流程：当班栏目编辑审稿→播音员配音→第一次审片→字幕包装→确定第一次串联单→确定第二次串联单（播出单），同时制作人员制作播出字幕及过肩字幕→当班编辑审核播出字幕→终审播出串联单，编播负责打印并送达各工种工位，编辑终审播出字幕及过肩字幕，并准备好备播带和当日栏目录像带。

（2）直播流程：所有制作人员必须到岗进入待播状态，调试好灯光、音响，确保所有设备状态正常。

播音员到岗→完成所有直播前的准备工作，直播责任编辑（制片人）负责向技术、播音、编播人员简要阐述当日版面（顺序、注意事项等）→最后核对各工种的备播状态，保持现场安静→直播开始。

（三）新闻录制磁带（成片数据文件）标准

（1）直播节目必须使用规范和质量正常的节目磁带（成片数据文件），由栏目编辑提前到所属部门（带库）领取直播用节目带，并填好新闻带签。

（2）栏目编辑必须将带签置于录像带的透明带封上。

（3）由栏目编辑在带签上准确标明新闻的版次，如直播版、重播版、公共重播版、资料版等。

（4）栏目编辑在使用新录像带前应跑带并录有不短于30秒的彩条。

（四）新闻节目的包装

（1）包装人员根据记者和栏目编辑的要求，制作字版、图版、图表、题花等包装项目。新闻包装应遵照执行台颁布的字幕包装统一规范。

（2）当班责任编辑必须与技术人员一起对同期字幕、字版、图表、数据进行认真核对，不得发生错误。

（3）包装人员原则上在直播前15分钟完成所有包装项目。

（五）直播字幕的准备

（1）责任编辑必须在直播前5分钟完成字幕的校对工作，包括错别字的更正，查看题花、被采访人的人名及人名的顺序、题目的顺序是否正确，负责字幕的技术人员必须配合责任编辑作相关调整。

（2）审片过程中，如需要调整被采访人员的顺序、人物身份、名称，由当班制片人负责及时通知制作人员在直播前完成修改。

（3）硬盘播出系统由技术人员负责字幕的切入和切出。非硬盘播出系统由栏目责任编辑负责字幕的切入和切出。

（4）确保整个直播字幕准确无误。

（六）新闻直播录音工作

（1）技术人员必须确保配音系统的正常。播音员在配音时不可任意调整设备、改动线路，须直接在配音工作站中配音。如果配音工作站出现故障，可以应急配在磁带上。

（2）播音员在配音过程中，应将音量控制在 0 db 以下，不可打表。如遇声音过大或过小，调整配音工作站上的推子无法解决的情况，请找技术人员解决。

（3）播音员在配音时，要在画面开始 2 秒后再进声音，在画面结束前 5 秒完成配音，以保证直播时声音和画面的完整。

（4）编辑人员在制作过程中，应保证片子的声音干净、完整，不可把多余的声音合成到片子中，以免直播中出现事故。

（5）播音员在直播前，应提前15分钟到演播室备播，对图像，调试声音。

（6）直播前，音响师应调整调音台的状态，试听每个播出声道是否正常。测试通话系统，及时解决突发的问题。

（七）主持人做好备稿准备

（1）责任编辑负责将串联单和导语打印成纸质文稿，提交给主持人。

（2）每条导语要标明序号，并与终审串联单保持一致。段落间隔分明，排版、字体要统一规范。

（3）提词器可根据播音员的要求适当调整。

（八）做好直播技术设备及通路测试

（1）直播前 30 分钟，各岗位技术人员到岗，开机，检查直播系统设备的运行情况。发现设备问题及时向导播反映，导播必须了解各工位操作设备的运行情况。

（2）直播系统设备包括视频切换台、同步机、视音分、切换矩阵、通话系统、网络播出服务器、录像机、硬盘录像机、提词器、在线包装系统、文稿显示系统、监视器、测试仪、调音台、电话耦合器、监听音箱、电源部分、调光台、摄像机、灯光等。

（3）提前半小时与总控及外来信号通路测试，提供稳定的直播平台。

（4）灯光负责演播室灯光设备电源，检查电压是否标准，灯管是否正常工作，并调节演播室的布光效果。

（5）摄像负责摄像机等设备的正常工作，负责播音员出图像的视觉效果，保证主持人构图及显示的黑电平、亮度、色度等指标正确。

（6）网络播放像编辑负责按串联单顺序检查播出服务器中播出单的顺序，检查联播和手动是否正确。

（7）硬盘放像编辑做好硬盘录像机的新闻采集、编排和播放准备，负责调用文稿网内播出串联单和播音提词器内容。

（8）每月要对直播设备做一次保养维护。

（9）直播协调要熟悉直播工作程序，直播前检查通话系统、文稿显示系统、监视器、测试仪等设备的工作状态。播前检查提词器系统，调整核对直播机房的时间。如发生紧急情况时，协助导播进行技术上的快速处理。

二、直播中的工作规则

（一）各岗位职责

（1）当班主任（总监）：对新闻直播负总责。对直播过程中的一切事宜有最终决定权，如出现紧急情况，负责应急指挥。

（2）栏目值班制片人：对节目内容和版面安排负全责，负责直播中有关内容和进度的提示。如出现紧急情况，协助主任做好内容应急处理工作。

（3）责编：直播中负责核查字幕、题花等。

（4）技术导播：负责与总控联络进行通道测试并核对直播机房的时间是否与总控机房一致；负责检查录像机、摄像机、灯光、字幕、通话设备状况；负责发出直播操作动作的指令。如出现技术问题，与当班主任协商并根据当时情况指挥有关工种采取应急措施。

（5）字幕员：负责按串联单播出新闻标题、题花、片尾滚动字幕等。

（6）音响师：负责设备正常工作，保证播出声音的清晰和均衡。

（7）主持人：准确播报导语，确保播出状态正常。

（二）直播现场工作规范

为保证新闻直播有序地进行，特对直播现场的工作原则、指令用语等作出以下规定：

（1）工作纪律：进入直播直至新闻播出结束，所有参加直播人员不得处理与播出无关的事情（不准接听电话、聊天、吃零食等）；与播出无关的人员不得在现场滞留。进入演播室人员（播音员、演播室摄像、灯光师）必须关闭手机或调到无声状态。

（2）直播中操作指令下达后，接收指令的人员（特别是放像编辑、音响、播音员）必须作出回应，以确保指令传达到位，准确无误。如无回应，导播必须重发指令。

（3）新闻播出过程中，栏目制片人或责编负责协调各工种（各工位）完成播出工作；技术导播应急处理时发出的指令必须明确，有关工种和工位必须作出回应。

（4）直播中为避免播音员念长稿出错，要杜绝"口播＋口播＋导语"的编排方式；一般不允许有超过2分钟的长口播稿。

（5）日常播出应有新闻备播带，防止新闻直播过程中出现意外，备播节目由当班责任编辑提供。

（6）直播中临时插播、撤播新闻，必须由值班制片人认可，插播的地方应在版面上有明显间隔的地方。

（7）口播、导语除提词器内容准确无误以外，应一律用计算机打印出一份文稿，供播音员备用，此任务由当班编播人员完成。

（8）播出前15分钟，所有备播带、录制磁带应由编辑人员统一保管录制好当天的版次（黑底白字），任何人不得以任何理由动用。

（三）直播指令规范

栏目当班制片人在直播现场负责发出有关节目内容的提示指令，技术导播是直播现场操作、动作发令员，在日常工作中约定俗成的导播指令必须规范化，包括栏目当班制片人、导播指令用语的标准化和发出指令的时机。

1. 直接指令

（1）口播或导语完毕接录像新闻带，技术导播发出口令，口令为"导语——走！网络播——走"。

（2）同一播音员一口播完，再接另一口播或导语时，技术导播发出口令，口令为"换"，提醒技术员更换字幕，编辑换过肩图。

2. 预发口令

（1）栏目当班制片人负责提醒下条新闻的内容，供责编、字幕员、音响准备以及放像编辑注意放机序号（同时也是放像编辑核对），有无导语、过肩，是否是"口播＋导语"。

（2）栏目当班制片人负责提醒播音员下条新闻的题目，做好播报口播或导语的准备。

（3）当导语或口播即将播完时，栏目责任编辑负责提示尾句。

（4）字幕员提前将下条字幕或小题花播放在屏幕上供责编核对，责编负责根据节目内容切换字幕，同时负责导语、口播用的过肩题图的切换。

（5）栏目制片人负责应急处理，如及时调整节目长度，对播音速度、回报提要的数量及新闻条目提前发出指令。

（四）直播现场紧急情况处理规范

1. 播音失误

（1）直播过程中，一般的口误，制片人、责编和导播不干预，只需在直播时主持人自行更正，结束后更正。

（2）在直播过程中，如口播出现重大失误，值班责任编辑应立即通过对讲机，命令播音员在口误处重新播报。如播音员并不清楚重大口误处，只需在前面或更前面的完整句子后重新播报。

（3）认定口播重大失误的标准：误播国家领导人、市委书记、市长、人大、政协主席等主要领导人的职务或姓名，误播后可能产生极其严重的政治后果。

2. 直播过程中设备异常应急方案

（1）出现任何设备问题，技术人员必须在直播前10分钟内将问题上报给值班主任（总监），启用应急方案。

（2）视频系统问题应急处理：① 在主切换台出现故障时，可马上启用应急切换台。② 监视器、录像机出现故障时可更换备份监视器、录像机。③ 主控送来外同步信号出现故障时，可拔掉外同步用内同步进行播出，跳线一端插入上排的 EXT BB 口，另一端插入下排的 INT BBVDA 口，同时通知播出部去掉台标字幕，保证安全播出。

（2）音频系统问题应急处理：① 主调音台出现问题（因无设备备份）或音频系统瘫痪，值班主任应立即通知播出部垫播其他节目。② 话筒出现故障，启用备用话筒或线路。

三、突发性新闻事件的直播规范

（一）各岗位职责

（1）部门主任（总监）：对于一般性突发新闻事件的直播有决策权。重大突发公共新闻事件的直播需报请台领导决策。

（2）栏目制片人：及时把握并核实直播新闻事件信息，及时向部门主任（总监）汇报突发新闻事件。

（3）直播负责人：由部门主任（总监）指定的某项突发新闻事件直播工作的具体负责人，负责直播各个岗位的调度和统筹工作。

（4）出镜记者（主持人）：负责直播现场的报道及出镜工作。要迅速做好直播前的准备，包括化妆、出镜词、话筒调试、台标、出镜地点、出镜的走位等。

（5）摄像：负责直播活动的摄像工作，要迅速找准机位，架好机器，调试好视频、音频以及通话系统；出镜机位必须要带有明显的标志性的人、物、景。

（6）助理编辑：准备好备播带，做好直播准备。

（7）演播室编导：直播过程中演播室的总调度，直接调度前后方，对各岗位发出明确指令。

（8）灯光：负责直播现场报道的灯光效果。如果现场环境光线过暗，出镜机位必须补灯，现场灯光人员必须在直播开始前半小时准备好相应的灯光设备，并调试到最佳状态。

（9）技术部门：迅速做好相应的直播技术准备工作，包括通信、转播车、音响、包装、字幕、播控等工序的准备。

①办公室：做好相应的后勤保障、人员及车辆安排，要在最短的时间内派车赶往新闻现场。

②编播部：负责频道节目的应急编排、备播、监播，并与台总编室、技术中心播出部等相关部门沟通协调，确保及时安全播出。

（二）流程及标准

（1）信息确认：栏目制片人了解到相关线索后，必须对线索进行快速的梳理，确认并了解基本信息。及时汇报请示领导决策是否直播：第一时间向部门主任（频道总监）汇报相关信息，重大突发公共事件的直播必须请示台领导决策是否进行直播。

（2）领导决策：部门（频道）领导决策是否直播。

（3）快速组织：领导决定直播后，启动快速反应机制，由部门主任（总监）迅速召集相关制片人、记者编辑、技术部门、办公室，召开简短的选题策划会，指定直播负责人、编导、摄像、出镜记者（主持人）。技术部门迅速做好相应的技术准备。对于突发性新闻事件，一旦领导确定必须进行现场直播，要确保在第一时间出发。

（4）奔赴现场，有序调度：直播团队出发，制片人或直播负责人第一时间通知导播、播音、技术、音响、包装、字幕、助理编辑迅速到岗，做好随时连线的准备。

（5）有效沟通：直播团队抵达现场以后，直播负责人和出镜记者要第一时间找到突发事件现场负责人、目击者、事件当事人，了解相关信息，迅速确定直播报道的基本思路,并及时与后方演播室编辑、导播进行沟通。

(6)直播负责人在现场为后方提供准确的信息:①出镜记者、主持人姓名、联系电话;②转播车导播人员、联系电话;③采访对象姓名、单位、职务;④包装需求,包括直播地点的方位图、现场环境动画演示图、突发事件发生过程的模拟图、现场直播角标、卫星连线图示等;⑤直播开始时间、直播时长、时段。

(7)检查通信是否畅通:直播负责人和记者进行信息收集、前后沟通的同时,转播车技术人员迅速做好相应的技术准备:①落实电源,迅速展开;②接通调试微波或电信链路;③迅速上传,在最短时间内完成链路调试;④前后联动,确保前后方以及出镜记者三方视频、音频、通话畅通无误。

(8)迅速就位:在前方直播负责人和编辑进行信息收集、前后沟通的同时,直播现场各岗位必须迅速做好相应的准备:①出镜记者:迅速做好直播前的准备,包括化妆、出镜词、话筒调试、台标、出镜地点、出镜的走位等;②摄像:要迅速找准机位、架好机器、调试好视频、音频以及通话系统;出镜机位必须要带有明显的标志性的人、物、景。③灯光:如果现场环境光线过暗,出镜机位必须补灯,现场灯光人员必须在直播开始前半小时准备好相应的灯光设备,并调试到最佳状态。

(9)明确统一调度:在直播过程中,演播室编导为总调度,直接调度前后方,对各岗位发出明确指令。

四、新闻连线类直播流程及规范

(1)出镜记者(主持人):负责连线现场的报道及出镜工作。要迅速做好连线前的准备,包括化妆、出镜词、话筒调试、台标、出镜地点、出镜的走位等。

(2)摄像:负责连线活动的摄像工作,要迅速找准机位、架好机器、调试好视频、音频以及通话系统;出镜机位必须要带有明显的标志性的人、物、景。

(3)技术部门:迅速做好相应的连线技术准备工作,包括通信、转播车、包装、字幕、播控等工序的准备。

第五节 电视社教节目制作流程及标准

社教类节目,是以社会教育为宗旨的各种节目的总称。其内容包罗万象,形式多样活泼,兼容外景与演播室形态、杂志版块与专题形态、访谈与外采、调查与实验等多种表现形式。

一、电视社教节目分类

为便于规范管理，按节目题材分为社会政治类、经济类、文化教育类、科技类、生活服务类、人物类等；按受众对象分为公共型和对象型；按节目表现形态分为杂志类、访谈类、专题类；按节目制播方式分为直播、录播两类。

从易于操作的角度，本台将按访谈类、专题及纪录片类两大类型制订具体的社教节目生产流程及标准。

二、电视社教节目生产岗位职责

（1）制片人：设计栏目形态、岗位设置，组织实施节目生产，控制从策划、外采、演播室录制、剪辑、包装、宣传推广等整个生产流程的质量，打造一支高素质、高效率的制作团队。

（2）编导：负责其制作节目的质量和收视率。具体工作环节包括：寻找选题、节目策划、联系嘉宾、设计节目文案、外采设计与制作、录制现场指挥、指导后期剪辑与包装或亲自进行后期制作、片子送审。

（3）编导助理：协助编导联系嘉宾、参与策划、参与台本写作、辅助现场调度。

（4）摄像：负责节目的外景拍摄和演播室摄像。

（5）主持人：参与节目策划、录制前与编导充分沟通、节目主持、宣传片（片花）配音、参与节目推广等。

（6）后期制作人员：后期剪辑包装、配合送审与修改。

（7）灯光：根据节目效果要求，在外景地或演播室布光。

（8）录音：外景录音、演播室录音、节目及宣传片配音录制、后期音乐音效包装。

（9）制片部门：负责对外联络，负责与服装、道具、化妆等部门的沟通、嘉宾及外请主持人接待、观众组织等。

三、电视社教节目选题策划工作流程及标准

（一）选题策划工作流程

栏目内选题征集→召开选题策划会→拟订选题→撰写简要选题说明→填写选题申报表，与选题说明一道报送分管总监。

选题策划原则上采用集体策划制，以制片组甚至部门为单位召开策划会；多借用外脑（院校专家、单位外的资深策划人）。

（1）选题征集：周播节目每月至少一次栏目内选题征集，周双播节目每月至少两次选题征集，日播和小日播节目每周至少一次选题征集。

（2）选题策划会：周播节目每月至少召开一次（日播节目每周至少召开一次）选题策划会，系列选题或重大选题随时召开策划会。栏目组全体编导（需要时外请专家）参加。

（3）撰写选题说明：在选题策划会上确定拟定选题，根据栏目组及专家意见撰写简要选题说明。

（4）申报：填写选题申报表，与选题说明一起报送分管总监。

（二）选题策划工作标准

（1）把握正确舆论导向，弘扬社会主义核心价值观。

（2）选题契合栏目定位，符合栏目表达的要求。

（3）选题有新闻性（即新闻切入口），有广泛的大众关注度；选题内容具备冲突性、曲折性、悬念感等戏剧化元素。选题涉及的人和事力求有较大的影响力，要寻找熟悉的人物和事件中的陌生因子。

（4）拟请嘉宾的身份须符合广电总局的相关规定，拟请嘉宾须有与选题紧密联系的专业知识或业界身份，包括事件的当事人、见证者，或在某个领域具有权威性的专业人士，具备良好的口头表达能力、出镜能力。

（5）在频道有整体宣传需要时，栏目选题需配合频道要求，进行整体策划、制作、宣传。

（6）内容策划。在确立选题后，栏目组召集二次策划会，根据编导外采回来的信息，对节目内容（主题、叙述角度等）和形式（节目流程、环节等）进行策划，为编导撰写文案奠定成熟的思路。

内容策划要解决"三个一"：一个吸引观众的理由，一组意外反转的故事，一个震撼的或有价值的发现。

（7）形式策划。程式化流程的栏目按固定流程设计，在内容、细节上体现出鲜活性、生动性；非程式化结构（或称开放式结构），则可以"因形造势"，根据话题、个案的不同，设计富有冲突、悬念效果的结构。策划必须包括如何开场能瞬间抓住观众眼球，如何把叙述设计得峰回路转、悬念重生、荡气回肠，如何把控好叙述节奏并在每一个小段落制造高潮，如何使用丰富的电视表现手段等诸方面，力求每一期节目都有较好的视听表达，都能扣人心弦，让观众回味无穷。

四、电视社教节目文案写作标准

（一）文案撰写工作流程

编导根据集体策划的结果，撰写文案。文案将成为录像时各工种（制片人、编导、主持人、导播、摄像、灯光、音响、现场导演等工种）使用的台本、依据。具体流程如下：文案纲要→文案初稿→文案讨论稿→文案执行稿。

（二）文案撰写工作标准

编导介绍专家、嘉宾情况必须翔实、准确，收集的资料充分、准确；集体策划节目流程、环节尽可能细致、周详；编导文案书写要充分体现集体策划的成果，脉络清晰，环节清楚，标注好细节。

1. 初稿要求

原生态故事叙述条理清晰，大矛盾点、框架结构明晰。需具备以下信息：当事人姓名、性别、职业、年龄、联系方式、人物性格的基本判断；当事人诉求及事件简单脉络；最新的矛盾冲突、冲突的故事点。

2. 执行稿要求

流程清楚、细节完备，尤其要精心设计好主持人的问题及提问方式。执行稿具体要求如下：

（1）不允许用大段的背景烘托当期节目的主题，不允许单纯用讲道理和做分析的方式来推进，要用细节来展现主题，用意外留住观众。

（2）节目的逻辑要严密，故事型节目一期只讲一个单纯的大故事，这个大故事的框架结构由若干小故事组成，小故事与小故事之间必须存在推进或者排除这两种逻辑关系。

（3）要精心设计好主持人在节目中每个环节的转换方式、主持人走位、主持人的展现形式以及镜头的调度等。

五、电视社教节目外景采制标准

（1）采访深入，创新节目内容。尽可能挖掘丰富的细节。一般采访，被采访专家不得少于3个，需提出3个以上的对已知事实的补充点或者质疑点，至少要获得2个以上新的发现点。

（2）除采访当事人外，还要采访周边人物，一是为丰富细节，二是为核实当事人提供信息的真实性。调查取证类外景拍摄采用纪实手法，记者要前往相关部门取到确切证据，不能浮光掠影。采访亲朋好友邻居的看法，不能由当事人陪同，必须独立采访，获得真实看法。

（3）注意拍摄当事人生活细节，根据内容设置场景。同期声采访要精炼，当事人的语言表达要具有感染力，能够突出矛盾和困难并吸引观众注意力。尽可能寻找证物，一是用以证实情节及细节的真实性，二是可作谈话现场的道具，丰富叙述方式。

（4）拍摄当事人的心情告白，画面和情节需提前设计，告白需情绪真切，表达真实；街头话题采访，需采访不同身份、不同年龄、不同性别的人，保证相对客观公正；街头话题采访需画面构图干净、美观，观点表达清晰，最好能有被采访人的自我感受细节。

六、电视社教节目外景拍摄工作标准

（一）总体要求

外景拍摄需功能明确。必须使用三脚架，室内采访时必须布灯，灯光必须使用轮廓灯。拍摄画面力求精美，录音必须符合技术标准。节目中一定要有多镜头的运用，镜头切换必须讲究，全、中、近景合理结合。尽量调动各种拍摄手段进行拍摄，如轨道、吊臂等，提高每幅画面的美感和视觉冲击。

镜头的叙事能力和表意能力强，力争形成鲜明的影像风格。灯光、录音具有较强的造型能力。

（二）镜头的规范

（1）拍摄采访主体，多取近景（腰部以上）和特写（胸部以上）。

（2）构图规范，如果把画面划分为一个井字形的九等份，就会有四个点，被采访对象应该在四个点上，而不是在画面中间。

（3）在拍摄采访主体时，主体提到什么，或者手势指向哪里，镜头一定要跟上，摇镜头、甩镜头都可，后期可以用空镜头来垫。

（4）尽量多拍空镜头，便于后期剪辑。

（5）在拍摄过程中，画面要饱满，不能左轻右重，上轻下重。

（6）在推拉摇移的过程中，除了碰到激烈碰撞的场景外，镜头要做到平稳。平稳就是要水平，稳定，要有起幅、落幅。

（7）从起幅到落幅之间的镜头运动速度要均匀，不要犹豫。镜头要灵活。

七、电视社教节目演播厅录制工作流程

（一）岗位职责

（1）当期导演必须与摄像、导播进行充分沟通，保证各环节相关工种配

合到位。

（2）导播现场调度流畅，确保各方面都达到预期效果。

（3）制片人安排导播、摄像、录像人员，现场把控各工种、各环节质量，解决或协调解决现场出现的各种问题。

（4）制片主任做好后勤保证，协调服、道、化及灯光、音响等工种。

（5）执行导演做好各部门协调工作，保证各环节紧密配合，确保节目顺利录制。

（二）流程

（1）主持人与嘉宾沟通完后，要及时反馈对文案的意见，并与制片人、编导一起再次策划细节甚至调整结构。

（2）录像前，编导和主持人一定要到演播室模拟走台，熟悉节目流程和内容。

（3）当期导演、导播、编导必须提前到场，保证各工种提前到位，分发录像台本，指挥现场准备工作。当期编导负责将定稿文案和录制流程发送到各部门。

（4）录像结束后，及时召开总结会，寻找问题，拿出改进方案。

八、电视社教节目摄像工作标准

（1）摄像人员在拍摄工作中，要始终保持注意力高度集中，不能有丝毫的懈怠。

（2）在拍摄时，摄像人员不许摘掉耳机，要始终保持通话的畅通，确保导播能随时将意图传达给每个摄像人员。

（3）摄像师必须有强烈的"镜头"意识，用镜头说话，用视觉说话。一个优秀摄像师必须有自己独到的艺术眼光，画面要满足以下要求：①画面的时空信息清晰、准确、简明、集中；②画面的中心内容和形象主题醒目突出；③镜头运动时稳定、流畅、到位。

（4）摄像人员在工作现场遇到矛盾和问题时，不许在现场发生争执，要维护节目组的形象。

九、电视社教节目音频制作工作流程及规范

节目的录音责任人应对调音员、放音员、话筒员等岗位人员在工作中履行操作规范的行为加以督促，并对节目的录制安全和技术质量负管理责任，

其他人员对分配给自己的任务负直接责任。

音频制作中的若干系统搭建及方案设计标准：

（1）直播节目以及其他重要节目，音频系统应具备主、备双系统互为热备份功能，调音台应采用双电源供电。

（2）大型节目应具备扩声系统与录音系统独立工作，又彼此互为热备份的功能。

（3）外出采用其他制作单位音频信号录音播出的节目，应要求外制作单位分：混合（备份用）、语言、音乐、观效（或我台音频人员按需自己采录）等声道给予音频信号，我台音频人员进行再处理混合之后以供播出。

（4）多话筒、多音源使用的重要节目，应使用音频工作站对单个话筒及音源信号做——对应的同期多轨录音，以便后期再制作时使用。

十、电视社教节目现场观众管理工作流程和规范

（一）录像开始前的准备

（1）正式录像前，维护候场区观众秩序，包括情绪的调动（通过互动游戏、聊天、唱歌等）。

（2）安排观众有序进入演播厅现场。

（3）分配好观众的座位，并根据录制要求调整座次（如男女搭配，衣服颜色搭配，老少搭配等）。

（二）正式暖场的工作

（1）感谢观众的参与，做简单的自我介绍（节目类型、历史、播出时间），可互动交流。

（2）提出录像要求：①将手机设置为关闭或静音状态；②将相机等摄影设备的闪光灯关闭；③告知现场摄像机位设置以及应急通道的方位，提醒注意事项。

（3）教会观众正确使用道具（如表达意见的手板）。

（4）调动观众情绪，将需要提前录制的部分录制好，包括鼓掌、欢呼、简单的动作（如有需要）。

（三）录像开始后的工作

（1）随时注意现场录制情况，遇到需要观众配合的时候，起立带领观众配合（如鼓掌或欢呼）。

（2）随时注意观众的反应，如遇有情绪激动的观众，及时提醒现场导演

安排机位抓拍。

（3）最重要的部分仍是保证观众的秩序和饱满情绪，控制好观众席的突发情况。

（四）录像结束后的工作

（1）代表节目组感谢观众的热心参与，通知观众收看时间。

（2）安排好观众的离场。

十一、电视社教节目包装标准

（1）包装要能明显地给节目增效，渲染视听效果，瞬间抓住流动收视。

（2）一般情况下，音乐使用要大气、时尚。音效使用要适当，不同节目要有自己特有的音效，要有自己标志性的音效和口号。

第六节　电视综艺节目制作流程及标准

为规范城市电视台电视综艺节目制作工作程序、工作步骤与工作标准，加强生产环节质量控制，保证电视综艺节目制作达到一流质量，特制定本规范。

一、电视综艺节目内容及分类

电视综艺节目，是调动电子技术手段，对音乐、舞蹈、戏剧（戏曲）、小品、曲艺、杂技、游戏、竞赛（猜）问答等各种文艺样式进行二度创作，既保留了原有文艺形态的艺术价值，又充分发挥了电子创作特殊艺术功能的电视节目形态。

电视综艺节目包括电视综艺晚会、电视文艺节目、电视综艺栏目以及电视选秀节目（真人秀节目）等。

二、电视综艺节目生产岗位职责

在此岗位分工的基础上，具体栏目可按照自身特色，进一步细化、规范各个流程中的岗位、环节的职责和标准。

（1）制片人：召集策划会议、确定主题、审定台本、审定服装化妆道具造型、审定场景设计方案、审定摄影机位和画面构图的要求、审定音乐舞蹈方案、调配人员、录制现场总协调。

（2）策划：拟定主题、参加策划会、撰写台本、提出场景设计建议、提出摄影机位和画面构图建议、录像时协助暖场、设计播前播后节目宣传方案。

（3）编导：节目选题、环节设计、台本撰写、审核服装化妆道具、审核场景设计方案、审核音乐舞蹈方案、提出摄影机位和画面构图的要求、录制现场指挥、录制切像、指导后期剪辑、片子送审。

（4）主持人：参加策划会、参与台本撰写、与嘉宾（演员）沟通、节目主持、宣传片（片花）配音、录制现场暖场。

（5）后期制作人员：参加策划会、录制现场仪器操作、磁带保管、后期剪辑包装、配合送审与修改。

（6）编导助理：联系与招募演员（选手）、参与策划会、参与台本写作、辅助现场调度、现场观众教育。

（7）演员（选手）：根据台本要求表演节目或参与竞赛。

（8）摄像师：参加策划会，根据编导要求进行现场摄像。

（9）剧务：参加策划会、演员（选手）与观众接待、杂务协调、发放稿费。

三、电视综艺节目制作流程与规范

（一）流程

电视综艺节目的制作流程大致包括节目选题策划→节目环节设计→台本写作→演员（嘉宾、选手）招募→造型与服装设计制作→化妆→道具制作→舞美灯光→音乐设计与制作→舞蹈设计与演出→现场观众的组织→现场走台→正式录制→后期剪辑、包装→节目下载与保管→审片→宣传推广等主要环节。

（二）工作规范

1. 节目选题策划规范

（1）当期编导根据各方信息提出节目选题议案交制片人，选题议案经过制片人同意后组织召开选题策划会。策划会由制片人召集所有节目组人员参加。

（2）根据策划会及制片人、主管领导的意见撰写策划方案交制片人审定，重要节目须交主管领导审定。重要节目的重要策划须交台领导审定。

（3）节目选题策划工作总原则：不可复制性，符合节目的定位和特色。

2. 台本写作规范

（1）节目主题确定后设计节目环节；编导提前提交环节设计方案，经过两轮讨论确定；方案形成后写成书面文稿——台本。台本供主持人、导演等部门使用，要求把握导演意图和观众的收视心理，巧妙进行节目的串联。台本的语言力求亲切自然、言之有物，符合节目语境。

（2）所有台本、歌词、片尾字幕、鸣谢、节目单等由文字编辑统筹，文件标注时间，确保不致版本混乱。

（3）开宗明义，紧扣主题。包含栏目定位、栏目口号等内容。

（4）若节目有商业冠名，要写明冠名商的具体要求；若有鸣谢单位，包括奖品提供单位，也应写明单位全称。

（5）文字简练、意见明确、撰写分发及时；对节目的主题、节目环节、道具、服装、灯光、舞美有明确的要求；对节目主持人、嘉宾、现场观众的语言和动作有明确要求。

（6）根据主持人个性特点设计台词。台词设计必须保证冲突，形成观点争论。为主持人的串接设计笑点，至少5分钟内有一个笑点，整体风格幽默轻松。

（7）台本必须严格遵循中宣部、国家广电总局、省委省政府、省委宣传部等上级主管部门下达的新闻宣传政策法规，遵循台新闻宣传管理规定；尊重少数民族的风俗习惯和宗教信仰，严禁以各种形式对其进行恶搞、调侃、讥讽；尊重外国嘉宾的人格，尊重其文化风俗习惯。

（8）如果台本内容涉及儿童、青少年等未成年人，内容须积极健康向上，避免低俗。

3. 化妆工作规范

（1）化妆必须保证造型的完美呈现，符合定妆标准。化妆师根据舞台的背景及现场灯光的主色调，整体把握。

（2）化妆师的设计除了和当期节目的定位吻合，还要考虑到现场所有参与人员的整体协调性。

（3）化妆师能在录制前随时根据突发事件调整自己的设计方案，以达到完美的效果。

（4）有未成年人参与的节目，不得诱导未成年人浓妆艳抹、过度妆饰，戕害儿童纯真天性。

4. 道具工作规范

（1）在节目录制前，道具制作工作需要配合每个制作小组的工作进度及时跟进并做出相应调整。经常与编导小组进行细致沟通，正确了解编导意图。

（2）制作完成后要仔细检查道具，查缺补漏，做到万无一失。

（3）提前将道具搬往舞台上场处，整齐摆放。

（4）在录像时，保持清醒状态，严格按照节目要求上下道具，不容出错。有突发状况应随机应变，使节目能够顺利录制完成。

（5）当节目录制完毕，将道具清理入库。将每一项道具记录并拍照，以备下次能够循环运用。

5. 舞台美术工作规范

（1）舞美师在策划阶段就应该参与舞美设计，根据节目导演组的要求设计舞台布景方案，设计方案送节目组审核通过后进入制作阶段。

（2）录制前将舞美运送到演播厅，根据要求将其安装到位；灯光根据节目的节奏和氛围，完成灯光程序的编制。全部到位后要做相应的安全检查，防止坠落，保证安全。

（3）录制中，根据导演要求变换灯光及布景；要有预备应急方案。

（4）舞美效果应根据不同类别节目要求，或大气恢弘，或清新淡雅，或活泼动感。总体体现美观、精致、先进的一流标准。

（5）舞美设计总体平面布局图、立面图、场景平面图应该严谨准确。整体效果图、场景（机位）效果图应形象生动、准确规范，充分体现节目要求。应该考虑摄像机在不同景别的呈现效果，保证风格统一。

（6）舞台结构和组装部件、道具、物品及承载与运行的机械设备要绘制三视图、结构详图、供电、管线等系统配套图纸，同时可根据需要绘制暖通、给排水、材料连接点等图纸。

6. 现场观众管理工作规范

（1）提前4~5天联系现场观众；录制前，根据需要发放营造气氛的道具和统一服装。

（2）做好现场观众的遴选、情绪调动和控制工作，根据节目需要确定观众的年龄与性别，使现场观众有热情、精神饱满、形象较好。

（3）现场观众人数一定不能少于栏目既定人数，以免录制现场气氛不够。

（4）要将形象气质俱佳、表现力强、表情丰富的有电视经验观众安插在出镜率最高的观众席中，以保证反应镜头的完美呈现。

7. 现场走台的规范

（1）根据节目需要进行正式录制前（提前数天或当天）走台；通过走台发现各方面存在的问题，及时改进。

（2）走台分为不带嘉宾走台和带嘉宾走台两种方式，一般应分别进行两次走台，特殊情况下只采取第二种方式。

（3）不带嘉宾走台流程：准备好台本；舞美、灯光、摄像准备到位；主

第三章 视频节目生产流程和标准

持人带妆（特殊情况下不带妆）开始走台；节目流程与正式节目流程一致；走台过程中发现问题及时沟通、解决；走台结束后节目组和主持人、技术工作人员及时开会总结，确定最终台本及应急预案。

8. 后期剪辑、包装工作规范

（1）节目内的版面设计需要一致，一个节目内杜绝出现几种视窗版或信息版，包括回放视窗、信息板块、动态背景底板（根据节目节奏设定动态的快慢）、过场片花（两个板块的隔断转场）必须加音效。

（2）30秒收视宣传片（当期节目宣传片），前20秒不需要包装版式，后10秒钟，需要同时以多种方式告知观众最关键的信息：①配音要配合信息落版（要报时）②包装字幕版来强调播出时间（跨频道还需要告知播出频道）。

（3）剪辑包装工作完成，当期制作人员须自行检查；视频是否有夹帧、跳帧、黑场现象，声画是否错位；音频整体音量是否均衡，人声、背景音乐、环境声比是否得当，有没有爆音现象，音效点有没有移位；字幕是否有错别字，字幕排版、大小是否合适，字幕是否缺失，人员、单位名称是否正确；广告标版、滚屏、鸣谢、logo是否准确无误。

9. 节目下载与保管的工作规范

（1）制作人员检查磁带完好。

（2）下载完成后必须再次检查，确保无误，按下磁带保护扣。

（3）在节目下载期间，严禁人机分离；并在下载完后检查确认无误。

（4）带头：1分钟彩条、千周、30秒黑场，在20～25秒黑场处加播出题板；音频大小控制在-20～-10 dB之间；正确填写播出带签，检查广告切点TC码，播出时间。

（5）数据存档：制作完成并播出的节目，要及时数据打包；生成AVI格式高清100 M码流无字幕版原始素材，用于存档；同时生成WMV高清格式9 M码流播出版字幕版，以用于网络和宣传。

10. 审片工作规范

（1）由当期编导送审，后期制作人员必须在场；逐级送审，依次为主编、制片人、频道分管总监（重点特别节目报台领导和上级机构领导审定）。

（2）根据领导的意见及时修改，并重新审片。

（3）审片结束后，编导立即将成片交播出部门，中间不得交给其他人员保管或者转交。

（4）重播节目实行"重播重审"。

11. 宣传推广工作规范

（1）要高度重视台内、频道内线上资源的使用，按照规范制作和提交栏目概念宣传片和收视宣传片，概念宣传片，每个季度必须更换新版。

（2）收视宣传片每期节目要善于找到当期节目的宣传切入口做推介，争取广泛的大众关注。

（3）做好本期节目的字幕文字，介绍节目亮点，提炼关键信息。

（4）围绕节目内容，有计划地通过多种媒体渠道设置新闻话题点，引发关于节目品牌、内容的广泛讨论，提高节目在受众群体中的关注度和认知程度，做好其他不同介质媒体的立体宣传。通过线上线下等各种方式与观众互动。

（5）平面媒体播前有预告稿，播后有评论稿、反应稿，适时推出深度策划的宣传稿。

（6）网络媒体播前发布节目录制动态、花絮等。播后，后制人员将当期节目视频上传到相关的网络上，同时将整期节目进行碎片化提炼，至少提供4至5个短视频，并拟定适于网络传播的标题，方便观众网络点播。

（7）栏目建立官方微博、微信或QQ群并安排专人进行每天更新和维护。在节目播出当天，在官方微博、微信或QQ群上与观众进行实时互动，每期主题突出；节目结束后在微博、微信或QQ群上形成话题进行传播。非节目录制和播出时段，每天至少更新微博3条以上。节目组联系明星、嘉宾根据录制协议条款配合节目的网络宣传。

（8）栏目可以通过热线电话、短信、车载电视、户外广告等其他方式多层面宣传，扩大节目影响力，提高节目收视率和美誉度。

（9）针对节目特性，结合栏目的选手招募、话题征集等互动环节，有针对性地在收视重点城市开展线下活动、进行落地推广，从而扩大节目影响力，提高品牌认知度。

（10）进行视频资料、图片资料的收集整理和准备工作；配合频道、其他栏目，大型活动和电视剧做好联动宣传推广工作。

第七节 专题片、纪录片制作流程及标准

一、专题片、纪录片生产岗位职责

（一）制片人
节目生产及节目质量的全面管理。

（二）总编导

（1）具体负责节目的创作思路，把握节目的总体风格。

（2）对节目的艺术和技术质量进行把关。

（3）对节目制作的各流程运转进行统筹审核。

（4）在制片人的领导下执行节目预算。

（5）协助制片人对节目组进行规范化操作。

（三）总撰稿

确定节目内容和方向，对各集文稿创作进行指导和审定。

（四）制片主任

（1）落实制片人审批的节目经费支出方案。

（2）统筹协调制片人、投资方及上级主管等多方面的关系，对节目流程进行规范化管理。

（3）代表节目组对与外界的相关合同、协议进行商讨和洽谈。

（4）协助制片人对组内制片工作进行管理。

（五）撰稿

根据节目创作方向、思路、形式与编导协商，共同完成各分集文学脚本。

（1）撰写脚本：撰稿人根据资料提供的素材，撰写文学脚本，该过程撰稿与编导共同创作。

（2）撰稿人将写好的文学脚本提交给编导，由撰稿协助编导完成剧本和分镜头本的创作。

（3）将文学剧本和分镜头本提交制片人、总策划、总编导、监制、相关的策划人、顾问，讨论、修改，通过后交资料统筹处备案。

根据创作的实际情况，可安排编导和撰稿由同一人员担任。

（六）文史统筹

（1）统一组织摄制组创作所需资料的搜集工作，为撰稿和编导的创作提供支持。

（2）根据选题大纲或相关编导的创作意图，确定资料搜集范围。在规定的日期内，选择所有与本集内容及史实相关联的素材，这些素材包括文字史料、图片及影片资料、影片中所需要的器物、原始档案、建筑物内外景及地貌外景、受采访人名单等六个部分。该资料搜集工作，由策划、撰稿、编导共同参与完成。

（3）将收集的资料分类整理，提交相关编导、策划、撰稿及资料统筹。

总策划、总撰稿依据大纲编辑审阅后，最终将资料交撰稿人进行创作，并将资料留底保存。

（4）建立和完善学术专家库，维持良好的学术资源；统一安排摄制组编导的专家采访、联络工作，统计专家工作量。

（5）根据编导资料需求，统一安排书籍、光盘等资料的购买工作。

（6）对编导创作进程备案和资料整合，内容包括：所收集的文档资料、专家会谈记录、重要的协调会记录、历次脚本等。

（七）编导

对节目创作全过程负责，按节目流程要求，完成节目制作。

（八）助理编导

配合并参与编导的各项工作。

（1）协助编导与各个岗位的沟通与联络。

（2）协助编导完成前期各环节中的创作和事务性工作，包括领取空白带、保管素材、整理发票等。

（3）协助编导、资料统筹收集资料，复制资料。

（4）记清场记，做好字幕整理工作。

（5）协助制片完成服装、化妆、道具落实工作。

（6）协助编导完成后期制作中的各项工作及安全播出。

（九）摄像

（1）参与拍摄前文本镜头及灯光效果设计。

（2）在拍摄前协助编导完成踩点、选景、设备的统筹安排。

（3）在拍摄中与编导合作完成全片拍摄。

（4）培养助摄。

（十）美术、道具

按照编导和摄影的要求完成拍摄中的美术设计、场景设置及道具的制作和租赁以及安全使用。

（十一）服装、化妆

根据导演的要求完成节目中服装和化妆的工作。

（十二）作曲、音乐监制

根据主创人员的要求和创意对节目的主题音乐和各集的配乐进行创作和录音制作，统筹安排编导最终完成节目音乐、解说和其他声效合成工作。

（十三）包装制作

根据主创人员对节目内容的具体要求进行动画设计、拍摄、制作。

（十四）灯光

（1）与编导、摄像进行现场勘探调查。

（2）参与镜头设计准备方案。

（3）拿出灯光设计方案及设备使用明细。

（4）与制片统筹共同落实设备租用和使用。

（5）在编导和摄像的指挥下完成灯光工作。

（6）要保证拍摄现场灯光使用和文物、灯光、人员、道具等的安全。

（十五）制片统筹、制片

负责拍摄过程中各环节的正常运转。

（1）负责拍摄中与拍摄对象的各个部门及相关单位的联络沟通。

（2）保障拍摄现场人、物的安全，发现问题及时与总编导及相关部门人员沟通。

（3）负责工作人员出入证、车证的管理工作。

（4）协拍单位各部门人员劳务费的确认，并交由财务审定。

（5）保障拍摄中摄影机、灯光设备、大摇臂、轨道等设备的正常使用。

（6）灯光、摄影技术及临时人员的工作量统计。

（7）负责车辆租赁及拍摄中各摄制组车辆使用的合理调配。

（十六）责编、宣传统筹

统一负责摄制组的宣传及送审工作。

（1）保持与各大媒体（电视台、电台、报纸、杂志、网络）的联系，在节目有大动作的时候进行多方位的宣传，以扩大影响。

（2）随时与合作网站（如新浪）联系，并在该网站专设节目网页，适时更新内容，丰富页面，并在合适的时候通过在线交流、网上论坛等形式加强节目和网民的互动，以增强该片的社会关注度。

（3）做好与各媒体的沟通与合作。

（4）节目的送审和安全播出。

二、专题片、纪录片选题申报工作标准

（1）编导的阐述必须充分，经费预算尽可能详细。

（2）选题策划会邀请的专家必须是知名的纪录片研究者和业内专家。

三、专题片、纪录片资料调查整合工作流程及标准

（1）初步确立资料范围和搜集渠道。搜集渠道包括：图书馆、历史档案馆、有关专家。在采访专家前应该提前一周向专家联络人提出申请，并在采访结束后提交采访记录给资料统筹处备案。

（2）通过一切可能的渠道搜集资料，并做详细梳理，最终形成文字。搜集资料时要带着问题工作。

（3）资料的收集必须全面、客观，要穷尽所有和选题相关的素材，尤其是原始档案和第一手的资料。

（4）整理资料要严谨、规范，杜绝编排失误，必须保证史实准确。因为资料失实会给后边的所有创作造成灾难性的后果。

（5）在收集资料时应该带着下列问题搜集资料，并作详细梳理、记录，最终形成文字表述：① 节目所涉及最重要的历史信息，包括时间、地点、人物、事件及人物行为的细节和人物间的真实对话，以及这些要素的文献出处。② 一定要涉及的历史背景，从两部分收集：这一时期的国家大事件，包括大事中的重要人物行为。这一历史时期社会背景，包括经济状况、民生、文化生活、宗教、天气、奇闻逸事、游乐等社会新闻。③ 最好涉及历史史实的争论。要查阅有关方面的论文，比如为什么有争议，各方持什么观点，有何独到之处。④ 要收集最新的学术成果和学术观点，通过一定的筛选后在节目中使用。⑤ 尽最大努力寻找可以看到的景物、遗迹、文物、绘画、图片以及幸存者等。⑥ 筛选出需要打交道的专家名单及其著述、业绩简介，列出这些人中哪些人可做采访、哪些人用于提供资料。⑦ 最好提炼出最能体现主题思想、编导意图，在制作该片中不可或缺的细节，同时提出拍摄建议。⑧ 尽可能收集到从未公布于世的独家重要资料，并在节目中进行展示和使用。

上述 8 项要求对编导、助编、撰稿和资料组成员也适用。

四、专题片、纪录片脚本创作工作流程及标准

（一）流程

专题片、纪录片脚本创作工作包括陈述史实的文本创作、完成影视结构的剧本创作、细化分镜头与解说的分镜头本创作三个阶段。

（1）文本创作阶段：撰稿罗列基本史实，进行主题提炼和情节结构设置，进行第一步文本创作。该阶段主要由撰稿负责。

（2）剧本创作阶段：根据撰稿提供的文本，编导与撰稿在电视结构、叙

事内容、情绪、节奏等方面完成历史文学化到影视化创作的转化。这一阶段撰稿辅助编导进行工作。

（3）分镜头本创作：在第二阶段工作的基础上，编导与总编导、摄像共同完成分镜头的创作。

（二）脚本创作工作标准

（1）文本创作：脚本创作的第一步决定了最终脚本的走向，也决定了最终成片的质量。因此，撰稿人必须殚心竭力完成高质量的文本，或外请高水平的撰稿人。

（2）剧本创作：从基础文本向影视文本的转化，必须既抓住主题、脉络、关键的信息和细节，又不为文字思维所累，充分发挥影像思维的想象力，运用各种流行的影视表现手段，大胆探索影视表现的新形式。

（3）分镜头本创作：把剧本细化成直接指导拍摄、剪辑的脚本。要尽可能细化，要写明具体的场景设计（包括景物的光影要求，人物的动作及环境设计等）、镜头调度、灯光音响的要求等影视创作的各方面的细节。

五、专题片、纪录片拍摄方案及制作预算报告环节的工作规范

（一）总体规范

在完成分镜头本后，编导根据分镜头本制订拍摄方案及详细的经费预算报告，提交决策人审定。该拍摄方案包括：什么时间拍（时间）、在哪里拍（地点）、拍摄对象（人物、景物、器物）、怎样拍（设计）、谁来拍（导演、摄像、制片等）、每个拍摄及制作周期详细的预算等六个方面。该制订过程，由编导、撰稿、摄像共同参与。

（二）各环节工作规范

（1）总编导提出总体拍摄方案。总体拍摄方案包括分镜头内容、拍摄计划表两个部分，包括拍摄时间、地点、工作人员名单、服装、化妆、道具、设备、演员的明细及场景的要求等要素。

（2）总编导将总体拍摄方案中涉及经费的部分交制片部门做预算。

（3）总编导将经过制片部门做过预算的总体拍摄方案提交制片人审批。

（4）方案一经批准，总编导组织相关部门召开协调会，确定预算内的拍摄计划。

（5）编导将拍摄计划传真拍摄地的相关部门，向当地相关部门提出包括服装、化妆、道具、设备、演员明细、拍摄时间、拍摄地点、场景要求、出

差人员规模及所需影视基地协拍人员等各个方面的要求。根据拍摄地的反馈，编导制订该阶段拍摄计划，与拍摄地再次确认，并报总编导、制片人批准。

（6）由总编导组织摄制组相关部门召开协调会，确定拍摄行程、人员名单及每人岗位职责。

（7）根据拍摄行程，制片部门负责摄制组相关人员及设备安全、准时地抵达拍摄地。制片部门中需有一人先期到达拍摄地，落实吃住等，并再次确认拍摄要求的落实情况。

（8）总编导带摄制组人员抵达拍摄地后，制片部门安排住宿，并迅速统计、下发摄制组联络名单。

（9）拍摄前一天，编导制定出次日拍摄方案，发送到每位工作人员手中；各岗位依计划准备工作。编导、摄像、灯光、现场制片、协拍人员等应在拍摄前到现场实地考察，如有变化及时通知。遇特殊情况无法按计划正常拍摄，需及时反馈到编导处做应急处理。

（10）拍摄期间，根据拍摄计划，按编导要求，摄像师、灯光师、录音师、服道化工作人员、演员等全部参与拍摄人员准时到场，调试设备，准备开拍；现场拍摄中，所有工作人员听从导演统一安排；如遇特殊情况的发生，制片部门及时与基地进行协调。助编负责场记和现场图片的拍摄，摄助负责现场花絮的拍摄，同时配合协拍人员维护现场。

（11）拍摄完毕，各个部门完成本部门的设备及物品的清点和撤离工作，由现场制片负责清场。

（12）一天拍摄工作完毕，摄制组回看当天拍摄的内容，开总结会，并简要安排下一天的拍摄计划。制片部门整理当日经费支出明细记录。

（13）全部拍摄工作完毕，由制片人安排摄制组人员返回行程。

六、专题片、纪录片后期制作工作流程及标准

（一）后期剪辑工作流程及标准

（1）拍摄结束后，编导看素材，做场记，确定剪辑方案。

（2）编导在规定周期内进行粗编。

（3）粗编完后，提交审片会，由制片人归纳总结修改意见。

（4）编导依据审片会的意见进行修改。修改后，报制片人审片。通过后，方可进入合成。

（二）后期合成工作流程及标准

（1）编导与责编、技术预约合成机房，进行节目合成。

（2）技术按照台、频道、部门有关规定和标准与编导共同合成节目，完成编导要求。

（3）配解说、音乐，上字幕。

（4）责编与制片人、编导预约领导审片。

（5）根据审片意见修改，完成播出带。

（三）后期制作工作标准

（1）追求叙事方式的超越，力争突破传统的叙事模式。

（2）剪辑细致、流畅，力求精美。

（3）包装符合作品的整体风格。

七、专题片、纪录片制片工作流程及标准

（一）工作流程

专题片、纪录片的拍摄，编导应该提前15~30天填写相关拍摄场地及文物清单，总编导批示后交负责与拍摄对象协调的制片，由该制片、编导交到拍摄对象负责部门审批，共同勘探场地，明确拍摄内容的数量及类型，协调、制定拍摄时间、地点、方式、所需文物、灯光及摄影设备的使用明细，经拍摄对象负责部门审批后在规定时间拍摄，拍摄清单交办公行政处存档。

（二）岗位职责

制片在拍摄中，负责与各个部门的及时协调、沟通以及现场的拍摄安全。主要包括以下职责：

（1）与灯光共同完成灯光设备的租用和使用，确保灯光设备的安全使用。

（2）负责摄制组的吃住及交通。

（3）负责车辆的调配。

（4）协助现场大摇臂及轨道的安装与使用。

（5）敦促服装、化妆、道具工作人员按导演拍摄要求，将相关工作落实到位。

（三）制片工作标准

（1）明确编导的意图和具体要求，计划与安排必须尽可能细致。

（2）要充分发挥与外单位、外部门的协调、公关功能，尽可能满足编导的一切拍摄要求。

八、专题片、纪录片中动画制作工作流程及标准

（1）编导根据自己拍摄所需，确立动画制作内容，由总编导确认。

（2）动画导演根据编导提供的动画制作内容和成片时间要求，拟定详细的制作时间进度表。

（3）编导与动画导演根据动画内容制作分镜头脚本。

（4）动画制作人员完成分镜头脚本的手绘工作。

（5）动画制作人员依据分镜头脚本确定三维制作的具体内容。

（6）动画制作人员与摄制组做实拍与三维合成测试。其中包括影棚蓝幕拍摄、固定镜头、运动镜头、大幅度回旋运动镜头、固定镜头多次拍摄人物并在后期合成多人的场景等。尝试模拟日景、清晨、黄昏的灯光设定，以便在电脑后期测试追踪不同光色的合成。

（7）摄制组为每一处三维场景制作提供相应的图片、文字、书籍、古画古图、将与三维镜头相合成的拍摄视频以及各种以图片为主的参考资料或者特殊场景的设计手稿等。提供尽量多的资料，为的是尽可能接近和超越编导意图，搭建三维模型。

（8）动画制作人员依据分镜脚本和参考资料进行动画角色创意，制作出镜头预演，并与摄制组沟通、修改调整，最终制定镜头预演。

（9）制作渲染出每组镜头的单帧画面或草样序列，与摄制组讨论和确认后，渲染出完整的三维镜头序列，并作后期合成校色。

（10）最后交付三维镜头成品。

九、专题片、纪录片音乐创作、录制、编辑、合成工作流程及标准

（1）音乐监制与总编导商议，与分集编导沟通，确立音乐创作风格。

（2）确定音乐主题及作曲人选。

（3）确定音乐创作的时间长度。

（4）提交预算。

（5）进入正式创作阶段：主题曲、片头曲创作；片中段落时间音乐的创作。

（6）审议修改之后，乐队排练。

（7）录音。

（8）混录。

（9）音画合成。

十、专题片、纪录片声音创作、录制、编辑、合成工作流程及标准

（一）声音创作、录制、编辑、合成工作流程

（1）录音、编导共同确定音响效果设计人选。
（2）编导确定解说人选。
（3）编导、后期录音与前期拍摄中的录音师沟通。
（4）录音、编导共同设计音响制作方案。
（5）录音、编导共同收集整理音响素材。
（6）确定录制解说的时间表。
（7）制作每集的音响效果：需要两盘画面合成带，一为录制解说、音效，一为音乐。
（8）编导初审，编导、录音共同修改。
（9）领导终审，通过后合成。

（二）声音录制技术标准

1. 国内制作播出格式

CH1：解说音乐同期效果；　　CH2："国际声道"音乐同期效果；
CH3：音乐效果同期；　　　　CH4：音乐效果同期。

2. 立体声制作的格式

CH1：音乐；CH2：音乐；　　CH3：环境；CH4：环境；
CH5：效果；CH6：效果；　　CH7：对话/语言；CH8：解说/翻译。

十一、专题片、纪录片外景布光工作流程及标准

（一）工作流程

外景拍摄灯光光线不足的情况下，流程如下：仔细勘察现场→与节目部门前期沟通→与编导人员沟通→定灯光方案（灯位布置构想、设备清单、人员安排）→现有自然光调整、外租设备的调整→现场的对光→节目预演→进行再一次的修改→预录（正式合光）→节目录制。

（二）外景布光技术标准

（1）灯光要满足电视特性，要符合摄像的技术要求。外景通常采用混合色温模式录制节目，应以高色温为主。原则是以人的肤色还原正常为准则。
（2）灯光布光的光比要尽量小，尽量满足不同区域灯光的一致性。
（3）用光要柔和，多用反光板、反光布等辅助手段。

(4)布光要尽量均匀，通常在 500~800 lx 之间。
(5)透视感强。

第八节 导播及摄像工作流程及标准

一、前期策划阶段的导播及摄像工作

(1)提前了解导演策划文案、节目串词及工作流程等，主动参与节目前期策划工作，以便理解导演整体构思，吃透节目创意，更好地将节目构思展现在屏幕上。

(2)积极主动地参与舞美、灯光部门的筹备工作，根据节目内容和拍摄需要提出想法和要求，并与相关部门及时沟通。

(3)晚会（活动）舞美工作基本完成后，导播联合摄像负责人随节目导演进场查看场地，根据场地情况初步确定转播设备、摄像设备的设置。如需舞美部门配合应及时提前落实沟通。

(4)参与拍摄的组织工作，协助技术部门勘察场地，确保转播车的出行畅通。

二、中期拍摄阶段的导播及摄像工作

(1)在联排前协同导演组织舞美、灯光、转播车、音响、播出等技术部门，召开技术协调会，按节目、按流程提出要求。

(2)联排、彩排时，导播、摄像人员必须按时到场，配合导演对现场节目进行调度，以便及时发现拍摄中可能出现的有损播出效果的问题，如穿帮、上下场不畅、观众互动等。

(3)排练结束后迅速召开碰头会，及时确定分镜头脚本，并组织摄像开会讨论，力求镜头规范化，保证录制中镜头语言的体现。

(4)带机彩排前，导播要组织摄像人员和导演组召开细节落实会，根据节目形态、场上调度、衔接方式等实际情况，确定机位设置，镜头设计，各机位职责与配合等一系列具体问题。

(5)导播须在带机彩排及录像前 30 分钟进入导播间，核实各相关部门准备情况。带机彩排前 20 分钟，进行白平衡调整，并与灯光沟通色温匹配。

(6)带机彩排及录像前 30 分钟，导播需督促摄像员检查所有设备，保证摄像人员及时到位，摄像机器无故障，双方通话无障碍。录像前 10 分钟，请

摄像人员戴耳机，与导播进行录制前沟通。

（7）录制前，要求后期制作人员做好准备，督促录像人员再次检查录像设备，确保声画质量。

（8）导播应提前与摄像人员做好沟通，根据节目特别需要交代取景重点，录制中督促摄录人员及时补充镜头。

（9）录制期间，督促光圈跟踪技术人员及时调整光圈，弥补现场灯光分配不均等问题，保证画面高质量。

（10）直播活动导播、摄像、技术部门须提前 1 小时到岗，听候倒计时指令。

三、后期剪辑阶段的导播及摄像工作

导播、摄像人员需了解后期剪辑工作，对节目节奏把握、镜头设计等适当提出要求，保证后期及时修补录制中有偏差的镜头，完善节目整体效果。

第九节 电视节目音频制作技术规范

一、录像带音频记录规范

（1）标清单声道节目。
（2）项目通道标清模拟系统音频。
（3）校准信号/电平标清数字系统音频。
（4）校准信号/电平录像带。

二、电视节目音频制作的艺术规范

（1）没有明显的可闻的幅度失真、频率失真、量化失真。
（2）没有明显的磁带噪声、干扰噪声、交流声、风吹话筒、口喷话筒噪声等。
（3）节目声音清晰、明亮、丰满而柔和。
（4）节目声音有力度，声音层次分明，表现细腻。
（5）节目声音有良好的动态范围，电平随节目内容、剧情而有所起伏。
（6）节目声音有纵深感，立体声节目声像的定位准确，具有明显的立体感。
（7）遵循声画同步原则，电视画面中人、物的发声，景物动效声与画面

一致或相吻合。

（8）艺术处理节目声音中多重声源的混合比例适当，在节目中始终保持语言的清晰度，语言与音乐及音效的比例按响度电平为 10∶6～10∶7 之间。

（9）节目场景和段落转换时衔接处理自然流畅；声音表现力符合节目内容的情节；有创意、有创新，所塑造的声音形象能够达到总体声画和谐，使整个节目的声音和画面交相辉映、相辅相成、完美统一，具有强烈的艺术感染力。

三、节目音频制作工作流程规范

节目的录音责任人应对调音员、放音员、话筒员等岗位人员在工作中履行操作规范的行为加以督促，并对节目的录制安全和技术质量负管理责任，其他人员对分配给自己的任务负直接责任。

（一）音乐编辑制作规范

（1）音乐编辑主要负责音乐资料的管理和使用，包括将音乐录入音乐资料管理系统、进行编目建档，以便根据节目需求挑选使用。

（2）音乐编辑与节目编导一起承担专题片、纪录片、栏目片头音乐挑选，进行声音后期录音制作合成。

（3）在专题片、纪录片的声音合成之前，应充分理解脚本，与编导进行深入沟通，提出对节目中音乐及音效使用的构想，并参与音乐的前期创作和后期挑选。

（4）在进行声音合成时，应对节目中的声音进行设计，包括音乐及音效在节目中出现的位置、音量的大小比例、环绕声声像设计等。

（二）音频制作中的若干系统搭建及方案设计规范

（1）直播节目以及重要节目，音频系统应具备主、备双系统互为热备份功能，调音台应采用双电源供电。

（2）大型节目应具备扩声系统与录音系统独立工作，又彼此互为热备份的功能。

（3）外出采用其他制作单位音频信号录音播出的节目，应要求外制作单位分：混合（备份用）、语言、音乐、现效（或我台音频人员按需自己采录）等声道给予音频信号，我台音频人员进行再处理混合之后以供播出。

（4）多话筒、多音源使用的重要节目，应使用音频工作站对单个话筒及音源信号做——对应的同期多轨录音，以便后期再制作时使用。

第十节 电视节目视频制作技术规范

一、节目直播或录制时工作规范

（一）直播或录制设备工作状态技术指标

（1）保证节目录制所需各项设备的正常运行和技术指标达标。摄像机拍摄、控制、通话、TALLY各个系统正常，信号调度切换正常无抖动和劣化，字幕、VCR、慢动作各项功能运行正常。

（2）保证节目画面的白平衡正确，曝光正确。制作画面清晰、通透，色彩还原真实、色调正确、饱和度高。

（3）标清电视节目的制作和播出，应符合国标《演播室数字电视编码参数规范 GB/T 14857—1993》的要求。标清电视节目录制主要采用 SONY IMX 格式，50Mbps。标准清晰度节目录制技术质量要求：① 引带 75%彩条亮度信号峰值 0.7V±0.02V；② 引带 75%彩条 R-Y 信号幅度 0.525Vp-p±0.015V；③ 引带 75%彩条 B-Y 信号幅度 0.525Vp-p±0.015V；④ 节目复合信号峰值≤0.8V；⑤ 节目亮度信号峰值≤0.721V；⑥ 黑电平与消隐电平差（底电平）0～0.05V；⑦ 节目基色信号峰值（RGB）≤0.735V；⑧ 全电视信号幅度的标准值是 1Vpp，其中同步脉冲幅度为 0.3Vpp±0.009，色同步脉冲幅度为 0.3Vppi±0.009；黑电平与消隐电平差为 0～0.05 V；图像信号峰值白电平当用 100/0/75/0 彩条时为 0.7V±20 mV；⑨ 对于分量信号，当用 100/0/75/0 彩条时，Y 信号幅度为 0.7Vpp，R-Y、B-Y 信号幅度都分别为 0.525Vpp。

（4）高清电视节目的制作和播出，应符合国标《高清晰度电视节目制作及交换用视频参数值 GY/T 155-2000》的要求。高清节目录制采用 SONY HDCAM 格式，144Mbps。高清晰度节目录制技术质量要求：① 参数（单位）数值 1ER'、EG'、EB'、EY'；② 标称电平（MV）基准黑电平：0；③ 基准白电平：7002ECB'、ECR'；④ 标称电平(MV)±3503 同步信号电平(MV)±300±2% 备注要求高清摄像机限幅电平要求为 100%；⑤ 其他通道限幅电平要求为 103%；⑥ 视频校准信号为 100/0/100/0 彩条。色域：高清摄像机色彩矩阵的设置，规定为 ITU-R709 色彩矩阵；⑦ 主流高清节目的采集和制作推荐采用 4：2：2 取样（亮度 1920×1080 像素，色度 960×1080 像素），在制作流程中不应进行水平和垂直方向上的亚取样处理；⑧ 主流高清节目至少采用 8 比特量化，更高质量的节目采用 10 比特量化；⑨ 主流高清节目采用帧内编码记录、制作码率推荐采用 100 Mbps 或以上，采用帧间（长 GOP 结构）编码时码率不应低于 50 Mbps；⑩ 常规高清节目采用比 MPEG2 编码效率更高的 4∶2∶0 取样（亮度 1440×1080 像素，色度 720×540 像素）帧内算法时码率推荐采用 50 Mbps 或以上，采用帧间（长 GOP 结构）编码 4∶2∶0 取样（亮度 1440×1080 像素，色度 720×540 像素或亮度 1920×1080 像素，色度 960×540 像素）时码率不应低于 35 Mbps。

二、演播室、转播车直播、录制时的安全保障要求

（一）供电系统

在台内演播室制作节目时，要确认机房的输入电压是否在正常范围，若电压正常则开启电源总闸，启用 ups 电源保证设备供电安全。

在台外制作节目时，节目组织方必须提供可靠的电力保障及电力设施，供给转播车使用的外电为双路备份系统，并保证两路供电的切换安全。

（二）设备安全

台内演播室直播、录像时，要谢绝无关人员进入演播室，敦促节目部门人员爱惜使用设备，并做好设备的机架固定工作，保证节目完成后断电锁门。

转播车外出直播、录像时，节目组织方必须为转播车车辆及设备提供可靠的安全保障，保证转播车在行驶、工作及停放过程中的安全。

三、演播室、转播车设备管理和定期维护制度

（1）摄像设备在使用时必须十分爱护，严防碰撞或不正常装配和拆卸，外出要严防淋雨。

（2）节目部门在演播厅、转播车安装和使用各种设备前应征得技术人员的同意，不得滥接电源线和无关电器。

（3）演播室、转播车上的节目人员在得到技术人员允许后，方能操作设备；严禁擅自更改设备内部设置。任何人不得私自在演播室、转播车的电脑类设备（字幕机、硬盘录像机、慢动作）中安装、拷贝软件或文件；使用 U 盘须经杀毒确认无毒后，方可使用；不得使用以上设备给手机充电。

（4）凡是有安全隐患的，任何不利于演播室、转播车的设备安全和超越现有功能极限的节目要求，制作部将根据台技术管理服务中心的有关规定予以拒绝。

（5）演播室内外、转播车内禁止吸烟，严禁携带食物、饮料进入，操作台面上严禁堆放任何与节目无关的物品。进入演播室、转播车内的工作人员

必须严格保持清洁卫生，爱惜机房和转播车内的所有设备、工具和其他用品。不得在操作间内大声喧哗、吵闹。任何形式的破坏室内环境的行为将被禁止。

第十一节　电视节目后期制作技术规范

后期制作环节是汇总前期导演提供的各种素材文件，根据分镜头脚本和导演的要求合并为一个完整的节目内容的过程。为保障节目制作质量，根据国家相关技术规范和全国先进电视台经验，制定以下工作规范。

一、后期编辑制作的准备工作

（1）拍摄前，后期人员要参与前期导演策划会，了解导演思路，把握拍摄意图，在条件允许的情况下参与拍摄全过程。

（2）拍摄后，熟悉素材内容，领会导演意图，有不明白的地方及时与导演沟通并取得准确信息。

（3）仔细阅读节目内容文稿，收集与节目内容相关的其他编辑资料，如音乐、音效、图片等。

（4）相关视音频素材按照文件类型及对应的晚会节目名称予以存放归档。

二、后期编辑设备的选择

（1）后期编辑上载设备要与前期摄像机、录像机记录的格式一致，节目信号通过磁带或文件方式进入非线性编辑系统制作。

（2）后期编辑的设备所使用的视频采集卡，须通过国家广电总局技术测试。

（3）高清节目下载设备，使用 HDCAM 录像机以 140 Mbps 码率进行记录；标清节目下载，使用 IMX 录像机以 50 Mbps 码率进行记录。

（4）节目录制的标准清晰度技术或高清清晰度技术质量达到标准。

三、节目上载和制作的技术要求

（一）节目上载和制作过程中对视频质量的要求

（1）大型晚会高清节目上载使用 8 bit 量化，180 Mbps 或以上码率进行采集。编码方式采用非编支持度最高的方式。

（2）大型晚会标清节目上载使用 8 bit 量化，50 Mbps 码率进行采集。编码方式采用非编支持度最高的方式。

（3）标清素材需要在高清编辑环境使用，必须先将标清信号通过变换器变换为高清信号。

（4）对于需要作为素材使用的外来文件，提供的文件格式要符合后期非编的要求，为非编支持度最好的格式。

（二）节目上载及制作过程中对音频素材质量的要求

（1）大型活动通过转播车或演播室录制的节目，音频指标在技术和艺术上均进行了规范和处理，上载时放像机音频旋钮设置在系统默认状态。禁止在上载期间改为手动调节。

（2）音频幅度技术要求：1 khz 正弦波校正信号电平标准值：-20±0.5 dBFS。

（3）声音制作、播出与传输采用 AES/EBU 声音格式，标清取样率为 48 K，20 bit 量化；高清取样率为 48K，24 bit 量化。

（4）对于立体声和 5.1 声道录制的声音，采集后禁止改变单轨声音幅度，避免造成声场移位。

四、电视节目剪辑的规范

（1）及时调整被剪辑素材的音频大小，保证前后段落的音频均衡。音频总量应保持在非线音频显示表的黄色区域。

（2）用于替换或覆盖的画面，其长度必须在 1 秒以上。

（3）注意被剪辑点的音视频处理，不可出现音画错位、夹帧和黑场现象。

（4）剪辑时，要把握好晚会节奏、节目内容及节目间转换要流畅、自然，要采取软过度的方式，避免生硬的转接方式，从而达到真实还原现场的目的。

五、电视节目包装的规范

（一）原则

保证整台节目 CI 的统一，合理规范的选择包装元素、调性和色彩，不可随兴滥用。

（二）晚会包装结构

片头、角标、歌名板、人名条、唱词和片尾滚屏。

（三）高清包装步骤及要求

1. 确定片头

片头是体现晚会意图和形象的重要组成部分，也是晚会包装的基础，包装元素及色调都来源于此。技术要求：分辨率 1920×1080。

2. 设计角标、歌名板、人名条

要求美观、简洁、清晰，颜色不能复杂不可与片头元素脱离；技术要求：带通道，有效像素比 480×320。

3. 包装字幕制作注意事项

（1）角标：放置于字幕板安全框右下角处。

（2）歌名板：放置于画面左侧，与字幕安全框左边线保持两个中文字间距，下边线保持四个中文字间距。注意放置于空镜、全景或中景画面上，不要挡住画面主体（中文字大小为同期声大小）。

（3）人名条：分为竖条和横条，竖条通常用于单个表演者，横条通常用于两人或两人以上的表演团体，注意放置人名条时应根据实际情况确定，保持与画面主体的合理间距。

（4）字幕：①节目名称、歌名、人名字幕可用笔画清晰的艺术体，要突出（如行楷、圆幼、隶书、综艺体等），演出单位、作词、作曲等字幕需用白字、黑体，清楚即可。②歌曲唱词：根据实际情况，可选用合适的艺术体。③语言类同期声：使用准圆体，遇生僻字可用黑体字体大小为：高 48，宽 46，单排字数不超过 18 个字。④拍唱词、同期声断句，不能破坏词、句本身的文学美感，同时要把握好上字节奏。⑤片尾滚屏：使用黑体，纵向滚屏。

六、后期制作中对画幅的要求

（1）制作用于高标清同播的高清节目时，在一个节目内画面幅型比应当保持统一。

（2）制作用于高标清同播的标清电视节目时，原则上不能上下遮幅，如果要制作上下遮幅的标清节目，图形字幕必须位于画面内。

（3）高清节目制作采用标清素材，在幅型变换时，不应当产生图像变形。

七、电视节目的审查

（一）制作人员的自审

剪辑包装工作完成，当期后制人员须自行检查，检查项目如下：

（1）视频：是否有夹帧、跳帧、黑场，声画不同步。

（2）音频：整体音量是否均衡，人声、背景音乐、环境声比是否得当，有没有爆音现象，音效点有没有移位。

（3）字幕：是否有错别字，字幕排版、大小是否合适，字幕是否缺失，人员、单位名称是否正确。

（4）广告：标版、滚屏、鸣谢、logo是否准确无误。

（二）审片流程

后期人员——当期导演——部门主任——频道领导。

八、节目下载及保留的要求

（1）带头：1分钟彩条、千周、30秒黑场，在20~25秒黑场处加播出题板。

（2）下带：严禁人机分离，音频大小控制在-20 dB到-10 dB之间，出现问题做好记录，及时修改，下载完成后必须再次检查，确保无误，按下磁带保护扣。

（3）播出磁带录制规范：①高清节目使用HDCAM录像机以140 Mbps码率进行记录。音频为立体声或5.1声道。②标清节目使用IMX录像机以50 Mbps码率进行记录。音频输出为一声道。③送交播出的高清立体声节目磁带录制规范。

（4）送交播出的标清单声道节目磁带录制规范。

（5）填单：正确填写播出带签，检查广告切点TC码，播出时间，备注画幅比4∶3，领导签字。（备注：当期后期人员、导演、部门领导须在带签上签字后留下各自的联系方式，以便播出线遇到特别情况时能够第一时间取得联系。）

（6）送交播出线。

【 拓展阅读 】

资料一：中华人民共和国广播电影电视行业标准

《标准清晰度数字电视节目录像磁带录制规范》

资料二：中华人民共和国广播电影电视行业标准

《高清晰度电视节目制作及交换用视频参数值》

第四章 音频生产流程和标准

本流程及标准适用于城市台各广播频道节目生产制作过程；适用于各频道负责人抓好节目生产、广播节目策划、生产制作的过程管理及相应的广播经营工作；适用于频道所属部门、节目组负责人做好广播节目的生产及相关管理工作；适用于记者、编辑、播音员、主持人做好新闻"采、写、编、评"工作；适用于技术人员做好节目生产的技术工作。

第一节 音频生产的分类及岗位职责

一、广播节目的分类

广播节目是广播内容播出的载体，是内容存在的基本单元。广播内容是多种多样的。根据不同的内容，将广播节目分为4类"常播节目"和2类"非常播节目"。

常播节目，指新闻节目、专题节目、文艺娱乐类节目、广告节目等4类。

非常播节目，指新闻现场直播、大型活动（与播出相关的活动）2类。

广播节目生产制作的工作流程与标准主要针对以上广播节目的生产制作工作流程而制定。

（一）广播新闻节目

按照新闻体裁来分类，广播新闻分为消息[含短消息、长消息、连续（系列）报道]、评论、访谈、连线等新闻采编样式。新闻节目是指由上述广播新闻类采编样式集纳、编排而组成的广播节目。

（二）广播专题节目

广播专题节目是对事件或典型进行深度报道并按一定规律组合的广播节目。分为"广播新闻专题"和"广播社教专题"两大类。

1. 广播新闻专题

广播新闻专题具时效性与现实性，以典型新闻事件为发端，综合运用媒介手段，并运用叙述、描写、议论、抒情等手法，对新闻事件作详尽、生动、形象的报道，给人以"说事"的感觉。广播新闻专题多用于对重大新闻事件、典型人物、新生事物、典型工作经验等作深度报道。

2. 广播社教专题

广播社教专题是指对象性节目、公众性节目、知识性节目和特别节目等具有"社会教育"功能的广播专题节目。

广播社教专题节目具有真实性和一定的时效性。

广播社教专题对事件以"解说"为主。由于时间长、容量大、主题深，在制作中要用多观察角度切入，用多修辞手法表达，要求有完整故事情节，强调细节的典型生动感人，给人以"讲故事"的感觉；多用于社会教育和传播知识，具有哲学、人文、知识、感情等方面的内涵。

（1）对象性节目：以"人"为对象的社教专题，如青年节目、少儿节目、老年节目、妇女节目等。

（2）公众性节目：以"行业"或"战线"为对象的社教专题，如经济节目、农村节目、军事节目、法制节目等。

（3）知识性节目：以传播知识为内容的社教专题，如《知识与生活》《知识天地》等。

（4）特别节目：综合类的、较大型的社教节目，如综合对象性、公众性、知识性于一体的特别节目，大型直播节目的剪辑重播版等。

（三）广播文艺节目

广播文艺节目是以文艺表现形式播出的各类广播节目的总称。文艺节目集艺术性、娱乐性、参与性于一体，具有愉悦心灵、陶冶情操的功能。

文艺节目包括广播剧、音乐节目、文学节目、戏曲节目、长篇连播、综艺节目6类。

1. 广播剧

广播剧是为广播电台播发而编写、录制的戏剧，是以语言、音乐和音响为手段录制而成的节目形态。广播剧以人物对话和解说为基础，并充分运用音乐伴奏、音响效果来加强气氛。

（1）广播剧的特点。

① 制作技术特点：制作工具轻便，方法简单，后期制作简易。

② 欣赏特点：伴随性、个人性、群体性、随意性。

③ 文学特点：以社会题材为主，用声音塑造艺术形象，情节简洁明晰。

④ 内容呈现特点：人物对话推动剧情发展，声音呈现剧情场面，用解说

词说明和表现人物的心理动作。

⑤ 符号特点：演员表达准确生动、感情充沛、声音悦耳动听；解说词口语化、个性化、有动作性；配乐具有感染力，动人心魂，音响效果逼真。

（2）广播剧的分类。

① 单本剧。1集，30分钟左右。

② 连续剧。3集以上，每集 30 分钟左右。

③ 短剧。15 分钟以下。

2. 音乐节目

音乐节目，是以音乐、音乐人、音乐事为主要传播内容的广播文艺专题节目。

3. 文学节目

文学节目，是以文学作品、文学作品创作者、文学事件为主要传播内容的广播文艺专题节目。

4. 戏曲节目

戏曲节目，含曲艺节目，是以戏曲或曲艺作品、戏曲或曲艺作品创作者、戏曲或曲艺事件为主要传播内容的广播文艺专题节目。

5. 长篇连播

长篇连播，指中篇和长篇小说、传记文学、纪实文学、报告文学或评书的连续播讲节目样态。

6. 综艺节目

综艺节目，指综合文艺节目，含综合文艺类专题（板块）、晚会、娱乐类节目及影视剧录音剪辑等形态的节目。

（1）综合文艺类专题和板块：集多种类型文艺节目形态于一体的广播文艺专题或板块节目。

（2）晚会：文艺晚会录音（或录音剪辑）。

（3）娱乐节目：以娱乐为主旨的节目，以笑话、幽默等小段子及主持人的诙谐趣谈为主要内容。

（4）电影、电视剧的录音剪辑，要求脉络清晰，删接得当，解说到位。

（四）广告

广告，指各类广告、广告专题、广告热线直播节目。

（五）广播新闻现场直播

广播新闻现场直播是广播媒体利用声音信号将新闻现场或公众活动现场

的实况直接同步播发的新闻节目样态。

广播新闻现场直播在记录新闻事件，公众活动发展变化实况的同时，把记者的现场报道、主持人的现场描述或背景介绍同步传输，集报道新闻、提供知识、评析事态于一体，是一种以直接播出方式对新闻事件及其发展进行现场、同步、深度报道和评析，把新闻信息传播的时效发挥到极致的节目形式。

（六）大型活动

广播大型活动是有目的、有计划、有步骤地组织大众参与、由广播播出机构主办或联合社会力量合办并在广播中播出的大型社会活动。

大型活动包括晚会、竞赛、选秀、节会、庆典、演讲辩论以及把新闻采访与体育健身结合在一起的大型政治、经济、文化、商贸等宣传、推广活动。

二、广播节目生产的岗位职责

（一）记者

记者负责用新闻的敏感思维发现新闻，挖掘新闻。负责选题的申报、落实；外采的组织准备、实施；新闻采访、新闻稿件的写作和制作、送审。

（二）编辑

在主管部门的领导下工作，处理好各方面的来稿，提出一定阶段的报道构想和选题计划，指导新闻采写人员提高业务水平，做好节目编排组合、节目播出的协调工作。

（三）节目监制

节目监制负责节目组管理以及选题策划、组织实施、节目初审、节目编排、节目安全播出。

（四）播音员、主持人

播音主持人员负责新闻、专题、文艺、广告、直播等各类广播节目的播音主持、稿件前期和后期配音、配合采访录音等。

（五）技术人员

技术人员配合节目部门做好各项技术保障和技术服务工作。

（六）频道部门主任

部门主任负责新闻节目选题的策划和把关、重大新闻的组织采访、节目质量的审查把关。

（七）总监（副总监）

总监（副总监）进行媒体发展的宏观决策，根据形势、媒介市场的需求，长远谋划、制订宣传报道的计划，管理人力与物力资源，负责新闻广播节目选题确认、重大新闻宣传战役组织、节目品质提升，使播出的每个节目具有峰值效应。

（八）广播中心编委会

负责审核、确定各频道总体节目时间表。

负责审核、审批频道各类、各档重点节目导向的申报。

第二节 广播新闻节目生产制作流程及标准

广播新闻节目生产制作流程包括选题策划、采访、编辑组合、审稿、播出、保障等主要工作流程。

一、广播新闻节目的选题策划

广播新闻节目的选题策划是指在确定报道选题之后，为完成报道任务而对报道主题、内容、结构框架进行构思、设计和决策的过程，使新闻报道取得最佳效果。

（一）了解掌握全局情况

记者、编辑根据全国、全省及台、频道关于新闻宣传工作总体宣传要求，了解掌握对口战线（行业）、部门及地区的全局、局部和典型等情况。

（二）收集相关文件、资料

（1）采访须提前预约，充分说明采访意图，提请对方做好充分的受访准备，保证采访工作高质高量地完成。

（2）所有采访均须有可查详细记录（文字、录音均可）。

（3）借阅资料妥善保管，如受访方面有要求，应及时归还。

（三）策划报道选题

1. 流程

（1）记者、编辑根据所获得的新闻线索与所掌握的具体情况，策划并初拟报道选题。

（2）根据频道和节目定位要求以及初拟选题的具体情况，列出选题完成的时间，并分别制订出宣传报道的日计划、周计划、月计划、季度计划、年度计划。

（3）选题、报道计划报频道相关部门。

2．选题标准

（1）在政治导向上，与党的路线、方针、政策保持高度一致。

（2）符合法律法规，符合思想道德原则。

（3）具有新闻价值，能叩击受众的关注点，与受众的利益息息相关，能满足受众信息市场的诉求。

（4）要做到点面结合：既有综合报道选题，又有典型报道选题。

（5）要做到切实可行：报道面上有情况，有观点，有事例，有分析。报道典型，有事迹，有群众基础，能构成新闻文本的完整内容。

（四）频道审定宣传报道选题和计划

（1）频道汇总所属各部门、节目组所报宣传选题。

（2）组织召开评审会。

（3）策划频道一级的重要报道选题。

（4）对于本市党委、政府、人大、政协"四大家"以及市委宣传部、台编委会、台宣传管理部门等下达的即时宣传报道任务，须及时研究、确定报道计划和选题。

（5）形成频道选题方案、宣传计划。

（6）方案报台编委会。

二、广播新闻节目的采访

（一）制订采访计划

1．流程

（1）根据台、频道审定的报道选题和计划，确定采访选题，制订采访计划。

（2）明确采访路径：分析新闻事件的逻辑循环链，从当事人、参与者、目击者、知情人四个层面，明确采访路径。

（3）确立采访时间、地点，确立采访对象。

2．标准

（1）采访计划应尽量细化。

（2）做好采访前的案头工作，搜集与选题相关的文献资料，初步了解采访对象。

（3）制定可能发生的意外情况的应对与处理预案。

（4）采访路径在实际采访过程中灵活调整，不断优化，使采访取得最佳效果。

（二）开展采访活动

1. 采访的流程及方法

（1）深入第一线采访：站在现实生活的前沿，深入到新闻发生的第一现场，直接观察、体验、感受。

（2）面对面采访：拟好提问纲目，揣摩对方反应，运用不同的提问方法，面对面地从采访对象那里获得新闻素材。该方法是新闻采访中最主要的方法。

（3）电话采访：在一般情况下，电话采访录音应征得受访者同意。

（4）书面采访：采访时间上不方便的重要人物时用此法。

（5）座谈会采访：记者邀请多位人士，在同一时间、同一地点、围绕着同一主题对与会者进行采访。

2. 标准

（1）一般情况下，应依靠当地党委、政府及有关部门、单位，争取获得支持，以保证采访工作顺利进行。

（2）直达实地，抓第一手材料、抓鲜活的材料、抓具有典型意义的材料。

（3）在采访的同时，打好腹稿，使新闻文本快速写成。

（4）对采访过程做好记录，包括音频、视频和文字记录。

（5）重要采访内容应录音。音响清晰，录音效果好；文字资料备份。

（6）拟播出的受访者讲话内容的录音应清晰、好懂。

（7）采访全过程均遵循《记者职业规范》。

（8）采访者须确保 24 小时手机开机。

三、广播新闻节目的写稿与发稿

（一）流程

（1）精心构思，提炼主题，升华价值，布局谋篇，有序表达，精炼语言，优化文本信息。

（2）高效快速地撰写新闻文本。

（3）在必要的情况下，补充采访，补充录音。

（4）按规定程序发稿。

（二）标准

（1）新闻稿要求主题突出，层次分明，表达准确，言简意赅。

（2）录音音响效果好。① 音效：真实，形象；采自新闻现场。② 讲话录音：清晰，好懂；遇难懂方言应采用"普通话解说压混"方式处理。

（3）文字稿、音响均采取"电子版"方式发稿。

四、广播新闻节目的编辑组合

按新闻报道要求，按新闻传播规律，按媒介市场的需求，将各种形式的新闻稿件编辑组合成新闻节目。

（一）选稿

选用导向正确、符合法律法规、时效性强、具有较高新闻价值、文字表述准确、无常识错误的稿件，不得让任何有问题稿件进入制播环节。

1. 选稿的流程及方法

（1）根据各个广播频道的报道宗旨和报道任务选稿。

（2）根据编辑部制订的报道计划选稿。

（3）根据选题计划选稿。

（4）根据上级领导的指示选稿。

2. 标准

（1）导向性强：除新华网、人民网和经上级宣传部门审定并通知转发的相关网站报道外，各节目不得随意转发其他网上发布的稿件、音频等新闻信息；对新闻报料平台提供的信息，不能有闻必录，必须认真核实，慎重选择报道，选用的稿件要有很强的导向性。

（2）指导性强：能反映和评价现实生活，反映和引导社会舆论，对受众在思想、工作、生活以及人际关系等方面有影响力，有很强的指导性。

（3）时效性强：在保证事实准确和导向正确的前提下，报道及时，要尽可能抢时效。

（4）地域性强：注重本土新闻，同质新闻省内优先；全国性和埠外新闻从本土化视角编辑和改写。

（5）突发性强：在坚持导向原则的前提下，不放过任何突发新闻，及时发出城市广播电视台的第一声。外埠重大突发新闻也应有所反映。

（6）民生性强：随时随地找准与听众利益的关联点，多关注民生事件，多用民生视角看问题。

（二）核实

核实是对所编辑、组合的新闻稿件内容的真实性予以核实。

（1）除《人民日报》和新华社等重要媒体的稿件外，转载稿件必须向原载媒体核实，必要时向当事方核实。

（2）对地方台、通讯员的稿件要向地方相关单位核实。

五、广播新闻节目的编辑

（一）流程

（1）对新闻稿件进行语法、逻辑、修辞方面的编辑、提炼、增删，使其符合广播稿件的要求。

（2）对音响的内容、效果进行增删、调整。

（3）对有的记者和通讯员的新闻稿进行新的开掘与改写，提高新闻题材的新闻价值。

（二）标准

（1）编辑过程不得损害稿件真实性。

（2）导语要文题相符，不能误导听众。

（3）编排要注意符合导向要求，把握地区、行业、内容等各方面的平衡。

（4）提炼制作标题和导语，讲求关注度、吸引力和可听性。

（5）稿件内容应简洁明快、生动形象、口语化、无字词句错误。

（6）稿件时长要求文字稿一般控制在300字以内。

（7）受访人的音响每次一般控制在30秒以内。录音报道时长2分钟以内。专稿时长5分钟以内。重点稿件可适度加长。

（8）按统一文体格式编辑，规范使用编辑符号。

（9）及时审听录音，把好制作关。

六、广播新闻节目的编排

（一）流程

（1）重点选好新闻节目头二条。

（2）按照"兼顾"的原则，选择稿件。

（3）确定"上提要"的稿件。

（4）写好内容提要。

（5）如节目为男女二人播音主持，须注明男播、女播内容。

（6）尽量按新闻节目时长核准字数或录音、音响的时长，核算好整组节目字数或时长，并预备备用稿。

（7）设计当期节目具体流程：如开始曲（版头）、片花、录音、栏目曲、接连语、垫乐等各种节目元素的流程。

（二）标准

（1）具有宏观视野：立足本地，把本地新闻放在省内省际的大背景下研判。

（2）以"价值为先"的原则编排组合。一般根据新闻价值的重要程度和关注程度排定稿件顺序。

（3）坚持贴近性。以本埠新闻为主体，埠外新闻应做到本土化切入。

（4）增强服务意识，在时长允许的情况下，在播报新闻过程中可适时插播天气、路况、生活小提示等资讯。

（5）增加可听性。每期节目均应有录音报道；可适量增加与新闻节目风格相适应的音乐。

（6）讲求包装。讲求听觉美感和节目的节奏感，合理使用节目版头、片花。

（7）兼顾。稿件选用和编排应兼顾多个方面：①兼顾地区之间的平衡，不要过于突出某一地区，也不要长期没有某一地区的稿件。②兼顾战线（行业）之间的平衡。③兼顾上层和基层，有领导活动的报道，也要有来自基层的报道。④兼顾新闻与言论。评论是媒体的旗帜，每期新闻节目都应有评论、短评、述评、编前语或编后话等言论。⑤兼顾文字稿与录音稿。纯文字稿要少。特别是重头稿件，一定要"带响"。⑥兼顾稿件长短。

（8）节目具体流程设计：①流程应方便听众收听、符合人们收听习惯。②要将流程知会播音主持人员、导播，在必要情况下，还应知会相关技术人员。③如有条件，应提前"彩排"。重点新闻节目必须彩排。

七、广播新闻节目的发稿

（一）流程

（1）发稿要按规范要求发稿。

（2）所发稿件的文字、录音在发稿前均须备份。

（二）标准

（1）所有稿件正文用四号宋体字，音响部分用四号楷体加粗字体，标题用四号黑体，正文行间距设为 22 mm。

（2）每个段落开头空两格。导语和正文间不用空一行。

（3）所有以录音报道形式提交送审的稿件必须在导语后先行标注成品文件名。

（4）"出录音"的文字部分另起一段，用"〔出录音〕"和"〔录音止〕"分别在录音内容的前后标明。受访者录音需整理成文字，音响与文字相符。

（5）除省委、省政府重要通稿外，所有稿件的标题只出现在标题框中，导语和正文部分不要添加。

（6）在新闻节目中开办专栏的稿件，在标题前用〔〕标明，如〔专栏：走基层看农技〕。

（7）提交送审的稿件无错别字，标点符号使用正确。

八、广播节目的录音制作

（一）定义

本流程所称"录音制作"，是指对拟在广播中播出的节目、节目片段、音响、音乐等带响的各种声音元素，按广播节目播出的要求进行剪裁、移动、调整等多种操作，以备新闻节目播出之用。

录音制作的声音元素包括：

（1）记者、编辑的采编报道中口述内容的录音。

（2）播音员、主持人的播音、主持和解说的录音。

（3）垫乐和配乐。

（4）被采访人物的讲话录音。

（5）其他音响：① 自然环境声响的录音；② 动物声响的录音；③ 机器、工具等声响的录音；④ 人的动作发出的各种声音的录音。

录音制作后的内容包括：① 音响；② 被采访对象的讲话录音；③ 编辑记者解说的录音；④ 经录音合成完整的单件广播稿；⑤ 完整的广播节目。

（二）流程

（1）音量调整。

（2）剪裁。

（3）音效调整。

（4）压混。

（5）音乐运用。

（6）过渡与衔接。

（三）标准

1. 坚持音响真实性

（1）新闻节目中的所有"人声"均直接来自采访者、被采访者、播音员、主持人和直播嘉宾等。

（2）所有"音响"均来自自然环境、动物、机器或工具及人的动作。

（3）被采访对象的讲话不得由他人的讲话替代。

（4）所有音响不得以模拟的声音或其他相近的声音替代。

2. 音量调整

在录音制作过程中，各种声音元素音量的大小，按如下标准把握：

（1）节目播音员、主持人播音主持节目的音量为技术要求的标准值；在所有声音元素中的音量配比最大。

（2）在直播室现场的嘉宾的声音与播音员、主持人音量配比相比略小。

（3）录音片段或连线中的被采访者音量约为播音员、主持人音量的 4/5。

（4）音响、音乐主要部分的音量约为播音员、主持人音量的 3/5；其在出、扬、压、混、隐等过程中的音量根据其在调整过程中的要求变化。

3. 剪裁

（1）根据审定稿，对稿件内受访者的讲话录音、音响予以剪、接。

（2）剪裁后的声音元素之间连接须自然：

① 连接不要过紧，过紧会给人"喘不过气来"的感觉。

② 连接不要过疏，过疏显得拖拉。

③ 连接前后两段声音的声场、响度等应基本一致。

4. 音效调整

（1）一般调整：在剪裁后连接时，当剪裁后的两段声音的音响效果差别较大且必须采用该音响时，可用音频编辑软件，分别对两段声音相衔接部分——前一段的后 5~10 秒或后一段的前 5~10 秒作相应的技术调整，如采用音频编辑制作软件的多普勒功能或限制器（Limiter）调整，等等。

（2）特例处理：如确实调整不好或调整起来很不方便，可通过修改播出稿的方式处理——用语言将前后段落衔接。

5. 压混

为了在不同时段突出不同声音元素的作用，以渲染作品效果，并照顾到听众的收听习惯和感受，需要对相应的声音片段进行压低混入的处理。

（1）人声的压混。① 当受访者讲话带有较重方言口音时，必须以普通话解说压混，以确保讲话内容得到清楚表述。②当受访者语速较慢，并且拟引用其讲话内容较多时应以解说压混。③压混应尽量让压混者与被压混者有一定数量的"字"在发音上相近，以增强内容可听性及广播制作技巧欣赏性。④方言口音较重受访者讲话压混时长（以长消息为例）应为：渐出 2~3 秒，扬起 1~2 秒，压 1~2 秒，混 5~20 秒，渐隐 1~2 秒（短消息酌减）。

⑤讲话语速较慢受访者讲话压混时长（以长消息为例）应为：渐出 2~3 秒，扬起 1~2 秒，压 1~2 秒，混 20 秒（根据内容掌握），渐隐 1~2 秒（短消息酌减）。

（2）音响的压混：①音响压混时的音量约为总音量的到 1/3~3/5。②压混时长一般为：出 1~2 秒，扬起 1~2 秒，压 1~2 秒，混 3~10 秒，渐隐 1~2 秒。

6. 音乐运用

（1）一般不提倡在新闻报道中加入来自非现场的音乐。如确需加入以烘托气氛，可适当采用。

（2）在音乐压混中，所引用音乐的内容及其风格、情绪等应与报道内容正相关。

（3）音乐作为录音报道的组成部分时，根据新闻作品进程需要在出、扬、压、混、隐阶段，应有相应音量的变化。

（4）在新闻作品中，不得较长时间地将音乐作为"垫乐"使用。

7. 过渡与衔接

在语言、人声、音响、音乐相互衔接时，应采取压混和淡入、淡出的方式，以实现自然过渡。

九、广播新闻节目稿审定

（一）审稿制度

一般情况下，本台广播新闻节目实行三级审稿制度，重要稿件实行三级以上的审稿制度。

（1）新闻资讯类的节目：由责任编辑、组长、值班主任等三级审定签发，未经签发不得播出。

（2）重点新闻节目：实行责任编辑、值班主任、值班总监（副总监）三级审稿。

（3）重点稿件，报总监、台编委会领导、台领导审定。

（二）审稿标准

（1）各级审稿均从导向、内容、文法、编排、效果等多方面予以编审。

（2）台领导、编委会领导、频道值班总监（副总监）审定签发的不同的新闻节目，未报经审签人同意，下一级人员不得擅自更改。

（3）所有审稿均须有文字的或电子版的原始记录，以备查。

十、广播新闻节目播出

（一）录播

（1）一般情况下，节目均应采取直播方式播出。特殊情况下，经总监批准，新闻节目方可采取录音方式播出。

（2）录播新闻节目时，播音员、主持人应以模拟直播的状态播音、主持，以保持节目的风格。

（3）按要求（如填表、填单等）正确、准确发送节目。

（二）直播

（1）新闻节目编辑应尽早发稿。

（2）播音员、主持人、嘉宾均须提前10钟到达直播间并做好直播各项准备工作。

（3）两位以上播音员、主持人直播的新闻节目，播音主持人员应做好播、放、转、接及应急工作的播前沟通。

（4）播音主持人员要做好与直播嘉宾的沟通和交流。

（5）如策划、安排有直播连线，开播前做好连线各项准备工作，直播中做好连线工作。

（6）编、播、导、技术人员合作完成直播工作。

（三）嘉宾参与节目的流程及标准

1. 邀请嘉宾的标准

（1）嘉宾身份应符合节目要求。

（2）嘉宾应有较强的表达能力。

（3）嘉宾应有较好的沟通能力。

2. 节目经办人员播前与嘉宾充分沟通

（1）告知广播直播注意事项。

（2）约定嘉宾出声时间、时机，比如以语言、手势、点头示意或其他方式，示意嘉宾开讲。

（3）直播过程中，主持人注意引导、鼓励嘉宾主动、热情、适度参与与主持人或听众的交流和沟通。

（四）连线节目的流程及标准

（1）如安排有直播连线，须告知导播连线的时间、时长、连线详情、注意事项等，以获得导播的积极配合。

（2）直播连线次数、人员（记者、受访者、听众等）、连线报道内容、时间、时长等，应有预案，并提前安排到位。

（3）连线过程中如在人员、内容、时间、时长等方面出现意外情况，各工种须密切配合，沉着、准确、妥当应对。

（4）应确保连线的音响效果。

（5）主持人妥当引导、沟通、把握，确保连线的准确、完整、高效进行和完成。

（五）互动

节目直（录）播期间均应采取下列形式进行互动：

（1）电话互动：通过电话语言进行适时连线互动。

（2）嘉宾互动：将嘉宾请进直播间就某个问题进行互动。

（3）网络互动：又分 QQ 互动、微信互动、微博互动等，各栏目均应有自己的互动平台，粉丝数要不断上升。

（4）互动时要注意延时，对语言进行过滤。

技术人员随时监视播出效果，确保播出音效质量达标。

直播结束应做好衔接工作和交接班记录。

（六）重播

重播是广播节目版面安排的常用方法。具体讲，重播有三种不同的方式，即当日重播、隔日重播和隔时日重播。

隔日重播的节目在制作时，应注意日期须用"某年某月某日""某月某日"或"某日"等有明确数字表达的方式，不要表达为"昨天""前天"或"今天""明天""后天"等。

新闻节目重播前必须根据"重播重审"的原则，对拟重播的节目完整监听，避免因时日变迁所造成的事实出入。

（七）值班

1. 制度

（1）频道每天须有一名总监值班。

（2）部门或节目组须有负责人值班。

2. 值班职责

（1）值班总监负责召开宣传报道例会，确定全频道各档新闻节目的选题，重点确定新闻报道选题和报道要求。终审签发各节目内容。

（2）部门或节目组值班人员负责策划当日新闻节目编排、重点选题把握、所有稿件审定、其他媒体新闻选用等工作。

（3）对于上级下达的宣传报道提示，严格按照保密规定通知到值班人员，所有值班人员接到指令须在第一时间报告总监，组织落实。

（八）署名

（1）实名署名：编辑记者的署名均不得使用笔名或化名。个别稿件因特殊理由需使用笔名或化名的，要说明情况，经过值班总监核批。地方台和通讯员来稿必须署真名实姓，作者必须提供固定地址和联系方式，以供核实。

（2）联合署名：由兄弟台、通讯员提供的新闻信息，记者到现场采访的，可以联合署名，记者名字放在前面。记者没有到现场采访的，不得联合署名。由地方台、通讯员提供稿件，记者略加修改的，记者不得署名。由地方台、通讯员提供文字稿件，记者经过核实并对稿件进行重大修改的，可以联合署名。

（3）署名奖惩：设立地方台、通讯员投诉电话。鼓励兄弟台、通讯员对违规的编辑记者进行投诉。对违反署名规定的编辑或记者，根据相关制度实施处罚。

（九）保存

（1）所有播出的广播节目均须保存文字文档。

（2）所有播出的广播节目均由专门的广播媒资储存系统存储。

第三节　广播文艺节目生产制作流程及标准

一、广播电视文艺节目的选题策划

（一）选题的方法

（1）掌握文艺工作全局情况和重点情况。

（2）采访市文艺战线主要领导，了解全市、各主要地区文艺工作情况与布局。

（3）采访各主要文艺单位。

（4）了解并掌握文艺大戏、大剧、大创作规划和计划。
（5）了解非物质文化遗产相关信息。

（二）选题采访的要求

（1）采访须提前预约，充分说明采访意图，提请对方做好充分的受访准备。
（2）所有采访均须有可查详细记录（文字、录音均可）。

二、制订文艺节目制作计划

（1）根据了解到的情况，初拟文艺节目制作播出计划。
（2）制作播出计划报频道相关部门及频道。
（3）根据频道和节目定位，制订长、中、短期文艺节目宣传计划。
（4）制订节目创优计划。

三、广播电视文艺节目采风和采访

（一）制订采风和采访计划

（1）根据台、频道审定的文艺节目制作播出计划和选题，选择采风采访点，制订采风采访计划。计划应尽量细化，并应考虑各类因素的应急处置方案。
（2）明确采风采访路径，分析文艺选题、人物、戏剧作品关系，确定采访对象和路径。
（3）明确采访时间、地点，明确采访对象。
（4）制定可能发生的意外状况的应对预案。

（二）采风和采访的标准

（1）深入生活第一线，深入社会最基层，体验生活，抓鲜活的创作素材。
（2）在采风、采访的同时，构思作品、节目的内容。
（3）对采访过程做好记录，包括音频、图像和文字等记录。
（4）采访对象的重要讲话录音、音响、作品录音要达到文艺节目播出要求。

四、广播电视文艺节目的撰稿和组合

（1）按照大众传播规律，社会接受心理规律，精心设计主题。
（2）主持人用人的本真状态主持节目，用交流方式主持节目。
（3）设计多点对多点的互动场面，提供现场互动的空间。

（4）做好情景设计，做好节目包装。
（5）撰写节目组合串联词。
（6）按文艺节目的要求和规范编排、组合节目。
（7）节目要努力做到思想性、文艺性、娱乐性相结合，设计的主题要养耳、养心、养脑，能满足大众的听觉审美要求、心理愉悦要求。
（8）文艺作品构思巧妙，设计的场面优美，提供大众情感交流的平台，在心理上获得情感补偿。
（9）文艺节目串连词应突出文艺特性，不要写成新闻稿或专题稿。
（10）拟安排在节目中播放的各类文艺作品，须作预听、预审。
（11）文艺作品的选用，必须坚持正面宣传为主的方针，切忌低俗、庸俗、媚俗。
（12）录播节目，录制合成后要审听。

五、广播电视文艺节目的审稿

（1）所有文艺类节目方案均须在制作、播出之前送审。
（2）节目须经责任编辑和部门负责人审定并签字，未经签字的稿件不得播出。
（3）重点节目、选题，实行责任编辑、部门主任、分管总监三级审稿。
（4）重大选题报总监、台编委会、台领导审定。
（5）台领导、编委会领导、频道总监（副总监）审定签发的节目不得擅自更改。

六、广播电视文艺节目的直、录播

（一）直、录播的总体要求

（1）录播节目须保证播出质量。
（2）录播完成后的节目必须全程审听，确保无误。
（3）录播节目以电子版形式保存、发送，并正确填写和核对《节目播出单》。

（二）直播

1. 流程

（1）文艺节目如由专门编辑编稿，须提前发稿。
（2）主持人、嘉宾（如安排有嘉宾）均须提前10钟到达直播间并做好直播的各项准备工作。

（3）两位以上主持人直播的，主持人应做好播、放、转、接及应急工作的播前沟通。

（4）主持人员要做好与直播嘉宾的沟通和交流。

（5）策划、安排有直播连线，开播前做好连线各项准备工作，直播中做好连线工作。

（6）播、导、技术人员合作完成直播工作。

2. 标准

（1）直播过程中，应安排导播引导、协助完成直播。

（2）直播过程中，主持人应按规定的节目流程和审定的节目内容主持。在接入热线电话时，应注意语言的活泼性与严肃性相结合，切忌低俗、庸俗、媚俗。

（3）做好与嘉宾相关的各项工作。

3. 嘉宾邀请

（1）嘉宾的标准：嘉宾身份应符合节目要求；嘉宾应有良好的表达能力；嘉宾应有较好的沟通能力。

（2）节目经办人员播前与嘉宾充分沟通：告知广播直播注意事项；约定嘉宾出声时间、时机，如以语言、手势、点头示意或其他方式，示意嘉宾开讲。

（3）直播过程中，主持人注意引导、鼓励嘉宾主动、热情、适度参与与主持人或听众的交流和沟通。

4. 连线

（1）如安排有直播连线，须告知导播连线的时间、时长、连线详情、注意事项等，以获得导播的积极配合。

（2）直播连线次数、人员（记者、受访者、听众等）、连线报道内容、时间、时长等，应有预案，并提前安排到位。

（3）连线过程中如在人员、内容、时间、时长等方面出现事先未料情况，各工种须密切配合，沉着、准确、妥当应对。

（4）应确保连线的音响效果。

（5）主持人妥当引导、沟通、把握，确保连线的准确、完整、高效进行和完成。

技术人员随时监视播出效果，确保播出音效质量达标。

直播结束应做好衔接工作和交接班记录。

（三）重播

重播是广播节目版面安排的常用方法。具体来讲，重播有三种不同的方式，即当日重播、隔日重播和隔时日重播。

（四）直、录播的保障

（1）值班：频道每天须有一名总监值班。

（2）值班总监负责确定文艺制作播出的各类节目选题的审定和终审签发；坚守岗位，若因重大事情需离开岗位时，需委托其他总监代理并做好交接工作。

（3）部门或节目组须有负责人值班，负责策划次日文艺类节目编排、重点内容确定，串词审定，候播文艺作品的审定。

第四节 广播新闻现场直播流程及标准

一、策划选题和制订方案

（一）选题策划的流程及标准

（1）频道根据国家、全省及台关于新闻宣传报道工作总体要求，或全国、全省的重大选题，选择和确定新闻现场直播选题。

（2）以"项目制"的方式建立专班，落实直播选题。

（3）选题有较强新闻价值，具有典型性，引人关注。

（4）选题具有完整性、现场性、动感性，能保证现场安全顺利播出。

（5）选题的场面大、时间长，事件展开具有戏剧性，能持续吸引受众。

（6）选题切近受众的生活、工作、爱好、情趣。

（7）选题在媒介市场上有竞争力。

（8）重要选题须报告台编委会审议。

（二）直播方案

方案由"项目组"制订，由各频率组织专人审定。

1. 标准

（1）方案须有明确指导思想。

（2）方案须确定直播的主要内容：①报道内容：直播的主体内容，中心思想；②时间、地点；③人物：被采访人员，嘉宾人员；④事件：事件本身及事件进程。

（3）确定直播方式：①人员的安排与调度：a. 参与人员：主持人、编辑、记者数量，嘉宾要求，采访对象安排，对各类人员的具体要求；b. 人员布局，流程安排；c. 人员任务。② 直播和内联方式：a. 现场直播；b. 连线报道点；c.传送方式；d. 各类人员联络方式。③ 现场直播的调度：指挥，调度、衔接线路及方式。④ 各种工作方案：提出详实、具体的方案，包括应对意外情况的预案。

二、广播新闻现场直播的前期准备

（一）确定直播班子
（1）确定领导和指挥班子。
（2）确定采编（文案）班子。
（3）确定播音主持班子。
（4）确定技术与后勤保障班子。

（二）确定采编（文案）班子
（1）至少提前3天撰写直播方案和直播文案。
（2）确定总撰稿人。
（3）确定相关前期采访的人员。
（4）确定直播过程中不同场景、不同采访对象的采访人员。

（三）确定播音主持班子
（1）负责直播的播音主持工作。
（2）主持人应语音正、情绪高、反应快、沟通好。

（四）确定技术与后勤保障班子
（1）负责各项直播的技术后勤保障工作。
（2）应挑选认真细致、责任心强的同志担任。

（五）直播团队成员培训
（1）召开培训会。
（2）发放直播草案及相关预案。

（六）先期采访
（1）与采访对象、嘉宾沟通，使其明确直播中的角色和任务。
（2）对基层、特别是文化程度不高的受访者，认真做好培训工作。重点做好受访者届时接受直播采访的思想工作。
（3）为直播中播放的片花、宣传片等采制素材。

（七）前期制作

（1）制作直播版头。

（2）制作片花。

（3）制作宣传片。

（4）制作直播文案。

（八）预演

（1）直播前一天，集中全体参加直播人员，对文案所涉及的主持、采访、导播、技术保障等各个环节逐一进行彩排一到两次。

（2）方案须确保每个岗位每位工作人员思想明确、角色明确、任务明确。

（3）参与直播的每个人都要参加彩排。未能参加集体彩排者，须单独进行彩排。

三、广播新闻现场直播的流程和规范

（1）提前3小时完成电力接入、设备安装、通讯接入、信号传送测试等各项准备工作。

（2）工作人员提前1小时到达工作地点，并完成与指挥台的联络、沟通准备。

（3）直播按照预案正式开始。主持人要保持饱满的工作热情，带动各类工作人员协调进行直播工作。

（4）各类工作人员随时把握和跟进直播进程，提前检查本岗程序，如遇意外，提前报告指挥台。

（5）加强指挥调度：①严格把握进程；②监督方案落实情况；③协调处理所发生的意外情况。

（6）如遇意外情况，指挥人员须及时提出解决方案，并及时调度编辑、记者、技术、后勤、安保等各岗位的人员妥善应对与处理。

（7）对现场直播全程录音。

四、广播新闻现场直播善后工作

（1）感谢地方政府、部门、单位对直播工作的支持。

（2）归还物资，支付费用。

（3）对直播进行认真总结，表彰先进，批评不良表现。

（4）总结经验，提出今后直播的改进意见。

第五节 大型活动播出流程及标准

一、大型活动的立项流程和标准

（一）立项流程
（1）项目选择。
（2）项目可行性调查研究，形成调研报告。
（3）论证调研报告。

（二）大型活动的标准
（1）活动应具有鲜明的目的性。
（2）活动项目的可行性调查研究，须对社会环境、目标公众适应性、财力适应性、效益等内容予以调研。
（3）调研报告由频道论证、审核，重大活动项目报台编委会审核。

二、大型活动项目计划的制订与执行

（一）项目计划制订的要求
（1）确定项目承办人。
（2）承办人负责制订方案。
（3）方案需要明确的主要内容：活动主题；主办方、承办方、协办方；拟定活动时间、地点、规模；落地活动的具体安排（场次、具体形式）；招商方案。

（二）项目计划执行的要求
（1）联系活动主办、承办、协办单位的具体联系人，确定各单位参与方式，确定各单位可提供的资源。
（2）落实活动场地。
（3）物料制作。
（4）活动前期宣传。
（5）邀请嘉宾、外聘演员。
（6）招商。
（7）活动予以报台批准，治安方案报公安部门审批，场地报城管部门审批，供电报电力部门审批。
（8）活动场地的内容：活动地点；确定舞台大小，并进行实景拍摄，以

供舞台搭建设计；供应商出场地布置平面设计图、舞台搭建效果图；现场音响设备；宽带网络、电话线路；嘉宾休息室、演员化妆间。

（9）联系供应商制作或购买各种物料。① 道具提前 3 天制作完毕；② 物料须于活动前 5～8 小时运抵活动现场；③ 活动场地提前 1 天搭建完毕。

（10）提前 3 天联络电视、纸媒、网络等媒体，邀请其为活动进行宣传。活动时间、地点、内容等准备好通稿、图片各种资料提供给以上媒体。

（11）嘉宾包括领导、同行、往来单位人士；协调好外聘演员，准备好演出的节目、服装、道具、化妆、音响等。

三、大型活动的招商原则及要求

（一）招商原则

大型活动的招商数额按"以活动养活动"的原则进行。

（二）招商的基本要求

商业活动根据活动预算 30% 的利润率进行招商；

公益活动可根据活动内容进行多种形式的赞助招商。

四、大型活动的前期准备

（一）制订活动宣传方案

（1）制作活动宣传片，提前 15 天在本台相关广播、电视频道宣传播出。

（2）微博、网站开展前期宣传。

（3）为媒体准备好活动通稿。

（二）台本的准备

台本是活动流程的总体框架，大型活动前期准备核心在台本的准备。台本准备的要求如下：

（1）必须提前 7 天确定台本，并落实台本的主要内容。

（2）提前 7 天进行单个节目排练。

（3）提前 1 天进行整体节目彩排。

（4）提前 3 天准备好现场各类音响资料，提前 1 天完成现场音响的调试。

（5）提前 2 天完成各项后勤保障工作。① 提前 7 天完成大型活动逐级报备工作；② 出行车辆安排；③ 工作人员工作餐安排；④ 现场安保工作安排。

（三）其他

项目组通联、人员分工、岗位职责、工作时间、各工种配合到位。

五、大型活动的播出

（1）现场主活动开始以后，总指挥、嘉宾、记者、接待、导演、音响、现场工作人员各司其职。

（2）主持人在既定内容范围内，可根据现场活动进展情况，酌情临场发挥，在保持现场规范、有序的前提下，适度营造现场气氛。

（3）如遇突发情况，总指挥负责全面处理，统一调度，各工种工作人员须听从指挥，全力配合。

六、大型活动播出后的工作

1. 总结内容

活动进展情况，亮点，不足，需要改进的问题，对活动的社会效益和经济效益作出评估，总结及时上报。

2. 活动结束后对活动所有资料进行归档

（1）纸质文档归档，内容包括：活动策划方案（初稿及定稿）、相关报告、请示、函等文件原件及复印件，活动现场流程、活动台本、活动场地、舞台、背景、活动内容等图片资料，媒体报道，费用开支明细，活动总结等。

（2）电子文档归档，内容包括：网络宣传截频、活动宣传及报道音频资料、纸质文档所有文件的电子版、活动所有照片。

【拓展阅读】

资料一：中华人民共和国广播电影电视行业标准

《广播报时信号嵌入时间码规范》

资料二：中华人民共和国广播电影电视行业标准

《演播室数字音频参数》

第五章 晚会（活动）生产流程和标准

第一节 大型电视晚会（活动）舞台美术设计与制作

城市电视台大型晚会和活动的舞台设计、制作和施工等全过程目前一般采用市场化招标方式进行，下面是招标方（甲方）与中标方（乙方）各自的责任说明。

一、甲方主要责任

应负责组织导演（或部门负责人、主创人员等）召开项目创作会议，介绍此项目的创意阐述和基本要求，组建主创团队。

应向乙方阐明项目设计最终呈现状态、运行规模、资金投入额度等，并提供项目实施地点（场所）的建筑、安全、消防、供电、给排水等水平相关图纸及技术说明，协调乙方进入现场测量、拍照等实地勘测工作，并提供创意体现所需相关系列辅助资料。

部门派出监理人员对施工进行全过程的监理。甲方应按照合同约定时间支付款项，确保项目顺利地完成。

项目实施过程中的更改，双方都应该在图纸上签署意见，结算时另行计算增减内容所涉及的相关资金。

经过筛选，确定能够完成甲方设计制作要求的、具有相应资质与能力的公司、部门及团队。

二、乙方主要责任

应根据项目的创作要求、投资额度、演出场次，参照地域环境、季节、拆装运输等条件，运用现代技术手段绘制成套图纸。

根据详尽预算定额、参照最新的材料市场报价计算合理的报价。制定详尽的技术操作手册，培训操作管理人员，在合理的时间范围内对主要零部件进行运行保障和维护。

总平面布局图、立面图、场景平面图等应详细准确，整体效果、场景（机位）效果图应形象生动真实，制作图应规范详尽。

第二节 大型电视晚会与活动灯光设计

本制作流程及标准适用于城市电视台大型晚会和活动的灯光设计、施工等全过程。

一、前期策划阶段的灯光准备

（一）参加策划会

明确晚会（活动）的主题、风格，确定节目整体基调、结构方式、节目节奏，确定节目挑选的原则和音乐、舞美、灯光、造型、视觉、服装、化妆、道具的设计方向。

（1）与导演、舞美设计沟通，确定基本方向和思路。

（2）与导演、舞美设计到现场初步考察，对场地进行现场勘测，索要场地各种技术参数，为随后的设计提供基础。

（二）灯光前期工作

与创作人员的有效沟通，借助音乐、舞蹈、视觉、舞美等创作，组织其对灯光的初步了解。

（三）灯光的装台工作

（1）与舞美沟通确定整体平面图的位置，搭建灯光架。

（2）与电力部门沟通，进行强电铺设安装。

（3）安装灯光设备，做好防雨、防风处理。

（4）进行信号系统的连接，保证信号的畅通。

二、现场执行阶段的灯光工作流程和规范

（一）走台时的灯光工作

（1）走台是晚会合成的最重要的部分，灯光此时应该全部正常，可以交付灯光编成人员在灯光设计的指导下逐个对节目进行编成。

（2）还有一个整体灯光的调整时期，如果灯光有不合理的地方，就得加紧调整。

（3）根据不同节目进行对光。

（二）联排时的灯光工作

（1）联排对灯光来说是个很重要的环节，不同节目的灯光效果进行串联，

调试各节目灯光之间的衔接及前后组接所产生的整体效果，掌握灯光变换节点并熟练操作。

（2）对节目的灯光效果进行进一步的修改、调整。

（三）彩排时的灯光工作

灯光完整地与节目合在一起，进行连贯性地演出。

（四）晚会录制时的灯光工作

（1）灯光有条不紊按照彩排好的内容进行晚会录制。

（2）注意灯光之间的衔接紧凑。

（3）注意技术安全和舞台安全，保证晚会录制顺利无碍。

（五）晚会灯光具体的艺术要求

（1）色彩偏淡雅，明亮。

（2）透视感强。

（3）灯光总体要大气恢宏，整齐有序，色调明显，主次分明。

（4）熟练运用灯光的技术方面的特点，将其与艺术完美的结合。

（5）要熟悉节目内容、舞蹈、音乐各方面的知识。

（6）多实践，多看，多问，多想，多比较。

第三节　大型电视晚会与活动的制作

一、大型晚会（活动）导演组的职责

（1）导演：负责确定大型晚会（活动）的主题，从舞美道具、灯光效果、服装化妆等方面把握晚会（活动）的整体艺术风格，落实节目内容、表现形式、编排顺序的策划和节目脚本的制定，指挥录制，指导后期剪辑制作，组织播出送审和宣传推广。

（2）撰稿：负责撰写晚会（活动）的文字台本，结合晚会（活动）的传播特性、制作方式、整体风格以及观众的欣赏习惯，撰写出符合电视特性的、视觉化的节目脚本。

（3）导演助理：节目录制之前，负责协助导演完成各项工作，包括联系并落实主持人、嘉宾和观众，在导演组各部门之间传递资料等；在现场录制时，负责协调各个部门、组织人员按时按要求完成节目表演等。

（4）主持人：负责串联晚会（活动），把握大型晚会和活动的现场气氛，使现场与观众之间能产生良好的互动。

（5）导播：负责按照导演的构思，详细制定晚会（活动）的导播工作台本，设计摄像方案和机位布局；在直播或录制中，负责指挥各个摄像机位、掌控多讯道信息、进行信号的切换以及监听所有和画面相匹配的音频信号。

（6）摄像师：负责按导演和导播拟定的拍摄方案，参加现场摄像和外景摄像，随时根据自己的位置分工并按照导播的调机指令拍摄画面。

（7）舞美设计：负责按导演意图设计晚会（活动）的舞台、场景、道具、人物造型和机关等，并按设计图纸组织施工，在预定时间交付导演验收使用。

（8）灯光师：负责根据导演的意图和要求设计灯光与现场布光；在直播或录制中，利用灯光调节控制器，根据导播指令和导演要求调整和控制灯光。

（9）音响师：负责根据导演的意图和要求设计现场音响效果；在直播或录制中，利用调音台进行现场音频的拾取与提前准备的音频的播放，掌握各种音频讯号的音质与音量控制。

（10）服装师：负责设计制作晚会（活动）演员演出服装。

（11）化妆师：负责参加晚会（活动）的演员、领导、重要嘉宾的化妆。

（12）道具师：负责晚会（活动）现场道具的设计制作安装、回收、入库管理，负责撰写道具使用说明。

（13）后期制作人员：负责在大型晚会和活动现场录制节目，在录制完成后根据导演意图进行剪辑修改，制作可供播出的节目版本。

二、大型晚会（活动）制片组职责

（1）制片主任：负责管理大型晚会（活动）的场地、设备调度、经费管理、人员配置、晚会现场协调等各个环节，实现整场大型晚会和活动中的人力、物力、财力资源的最佳配置，提升大型节目的社会效益和经济效益。

（2）制片：负责落实晚会（活动）的场地、设备调度、经费管理、各部门录制前的准备工作、人员与时间安排、晚会现场协调等各个环节。

（3）剧务：负责演员（选手）、嘉宾与观众接待、杂务协调等。

（4）宣传推广人员：负责撰写晚会（活动）的宣传文稿，联系台内各广播电视频道、新媒体和台外其他媒体进行宣传炒作，以及播后反馈的收集整理。

三、大型晚会（活动）工作流程及要求

（一）立项

晚会（活动）的初步意向经频道总监同意后，以书面形式报台编委会审定立项。重大活动报省相关主管部门批准。

（二）组建团队

晚会（活动）的剧组编制人数因晚会和活动的规模大小而异。主要分为导演组和制片组。人员定班定岗，职责清楚，分工合理。

（三）召开策划会

组建策划班底，围绕大型晚会（活动）的主题查找背景资料，召集相关策划人员召开策划会，讨论晚会（活动）的方案。策划人员除了导演组、制片组之外，还可吸纳电视专家、资深媒体人、文化学者等广泛参与。

策划会要确定晚会（活动）的演出场地、主题、立意与风格，确定节目整体基调、结构方式、节目样式、节目节奏，确定节目挑选的原则和音乐、舞美、灯光、造型、视觉、服装、化妆、道具的设计方向。

（四）文案准备

1. 策划案的内容及写作要求

（1）目的和宗旨。阐述举办晚会（活动）的意义、晚会（活动）面向的受众、追求的艺术效果和宣传效果以及期望达到的演出规模。

（2）导演阐述。从导演角度说明对晚会（活动）的整体构想，从演出规模、艺术风格、节目样式、结构方式等方面叙述作为导演对这台晚会的想法，如这次晚会（活动）的意义如何实现、主题如何呈现，对晚会（活动）艺术风格的创新想法，具体到舞美、音响、灯光、服装道具等。

（3）节目内容。这部分主要阐述晚会（活动）的呈现方式、具体节目类型、内容、时长和基调，暖场、开场、互动、结束环节的设计。

（4）导播方案。导播与摄像师根据导演阐述和演出场地制定合理可行的导播方案，主要包括整个晚会（活动）需要的机位类型、机位数量，说明机位如何与舞美、音响、灯光、服装道具相配合才能形成预期的艺术风格和效果。

2. 宣传通稿的写作要求

宣传通稿是用来提供给各家媒体宣传本次晚会、活动的统一稿件，由晚会（活动）剧组宣传推广人员撰写，主要包括晚会（活动）的定位、晚会（活动）的看点及晚会（活动）的播出时间等。

3. 制作计划、日程安排、节目单

包括导演组制作的晚会（活动）进度日程表、工作台本、机位图、节目单，制片组制定的各部门工作日程表、接待计划表等。

（五）经费预算

由制片组根据晚会（活动）的规模，制定晚会（活动）总体预算，报台领导审批。

四、大型晚会（活动）的视觉设计

大型晚会、活动视觉设计由平面设计、视频设计、CI 设计等共同组成。一般包括以下内容：

（1）根据晚会立意、内容、风格，设计 LOGO 和整体 CI。

（2）设计平面海报，交由宣传推广人员进行宣传使用。

（3）设计片头，整体 CI 包装方案交后期。

（4）从舞美处了解大屏尺寸，作为视频设计格式。

（5）参加策划会，了解晚会立意、视觉风格、节目类型，并着手收集素材。

（6）视觉组、音乐组、舞蹈组共同商讨舞台呈现方案，初步拿出视频方案，导播参与会议。

（7）视频方案通过后，进行视频创作，晚会 15 天前完成创作并提交审查。

五、大型晚会（活动）的音乐创作

音乐组要参与整台晚会（活动）的文案构思创作，根据不同类型晚会（活动）的具体需要，选择不同的音乐作品去体现导演的总体构想。音乐的创作，至少需要 4 周的时间，分别是对歌词的创作、歌曲的创作与编曲制作、音乐录音、后期缩混 5 个阶段。

六、联系确定参加晚会（活动）的艺人

制作邀请函、签订合作协议。一旦签订协议，需按照协议规定的条款严格执行。

七、舞蹈、服装、化妆、道具设计

（1）参与晚会（活动）方案的创作、讨论，协助导演细化创作意图、确定艺术形态。

（2）与导演商定舞蹈编导，与舞蹈编导及各个团队及时沟通，确定合作时间，发出邀请函、签订协议。

（3）召开策划会。与舞蹈编导和服、化、道相关人员召开策划会议，明确导演意图和舞美设计、视频设计意图，拿出相应的策划案，制成服装、道具表格，附上图片，并及时反馈给视频、舞美、灯光、音乐等相关人员，借以呈现最好的舞台效果。

（4）主持人和嘉宾的服装和化妆应根据晚会主题明确定位，尽早与设计师进行沟通并提出具体要求，以便其尽快进入设计制作阶段。

（5）了解演员和外请艺人的服装信息，提前通知对方准备与舞蹈相适应的演出服装，有不适合或撞色的服装也要提早拿出解决方案。若有穿特制服装的演员需要提前与其沟通。

（6）租用服装要与相关单位进行接洽，提早预订、签订合同。

（7）与音乐组沟通，制定排练日程，及时反馈给舞蹈编导、舞蹈团队和后勤组，确保排练过程中场地、车辆安排、人员接送准确无误。

（8）道具与特定服装设计，要从草图阶段着手，参与设计与创作，并及时反馈给导演、舞蹈编导，提出修改意见。在制作中期也要监督、反馈，确保能在规定时间内完成。

（9）道具和特定服装的样品应及时试用、试穿，使演员能提早适应，即使与舞蹈动作相冲突也要及时修改。

（10）统计化妆人数，特殊的妆容也应提前与化妆部门和相关演员沟通，提前设计并制作。

（11）在舞蹈大致成型后，与导播沟通，指出舞蹈亮点、最佳呈现角度，借以用镜头语言阐述舞蹈意境。

（12）与导演商定走台日程，及时发送给舞蹈编导，舞蹈团队和服、化、道相关人员。

（13）提前2～3天分发演出证，进入舞蹈走台。

（14）合理分配化妆间、服装间，完成服装、道具保管并通知相关催场人员。

（15）合理分工。一方面组织现场走台；另一方面，后台接应，如服装、道具接收、放置等。

（16）走台当天确保音响、灯光、道具、服装、舞台装置人员准时到位，组织相关人员完成走台。

（17）发节目单，让团队负责人以及舞蹈演员熟悉节目顺序，便于换装。

（18）服装到位，分发服装。按照走台日程完成带装走台，让舞蹈演员适应服装，明确各个节目的服装、头饰、配饰、舞蹈鞋，有问题的服装要及时修补。

（19）通过走台，认真审查发现服装和道具问题及时解决。

（20）配合制片部门及时统计人数，以便其安排车辆接送及用餐。

（21）晚会（活动）现场负责舞蹈演员催场、抢装。

（22）晚会（活动）结束后，负责回收、打包服装、道具。租借服装要及时返还。

（23）特制的服装道具收回仓库，分门别类存放并加以标示，便于下次使用。

八、大型晚会（活动）的外景拍摄流程和规范

（一）导演通过各种途径搜集资料，充分了解拍摄对象，构想拍摄方案，组建拍摄团队，选择拍摄器材，制定拍摄日程。

（二）导演跟拍摄对象进行深入交流，对掌握的拍摄资料进行对照和梳理，进一步修改拍摄内容。

（三）导演与摄像到拍摄地点堪景，对拍摄内容、机位、时间进行继续细化。准备完毕开始拍摄外景，根据天气、拍摄对象时间等，灵活调配外景场次和时间，保证拍摄按计划进行。

（四）拍摄完毕后，根据拍摄的有效画面，重新撰写外景配音词，与后期沟通剪辑方案，确定配乐，完成后期剪辑。

（五）剪辑完成后，对短片内容进行审定和修改。

九、大型晚会（活动）文学台本和技术台本的撰写流程和规范

（1）文学台本供主持人、导演等部门使用，要求把握导演意图和观众的收视心理，巧妙地进行节目的串联，台本的语言力求亲切自然、言之有物，符合晚会（活动）的语境。

（2）技术台本以流程单的形式撰写，根据不同播出方式分为直播流程单和录播流程单，供舞美、音响、服装化妆、道具等部门使用，灯光部门使用专门的灯光流程单，导播、摄像可制作专门的拍摄流程单。

（3）所有台本、歌词、片尾字幕、鸣谢、节目单等由文字编辑统筹，文件标注时间，确保不致版本混乱。

（4）前期实施过程中的文档、音乐及时分发各个实施部门，如舞蹈、音乐、视觉、导播等，并注意随时更新。

十、大型晚会（活动）主持人的沟通与排练

（1）文学台本完成后，导演要跟主持人一起顺词，把串词改成符合主持人的语言习惯。

（2）向主持人阐述串词的意义和潜台词，讲解节目前后的关联，帮助主持人建立舞台概念。

（3）帮主持人把握每段词处理的分寸、火候、动作、表演。

（4）走台时主持人要了解上下场口和机位，走衔接。

（5）主持人应在导演的帮助下，深入接触交谈对象，与其一起顺词，了解交谈对象的语言习惯，设计符合节目风格的串词，预先设想好现场可能出现的变化。

十一、大型晚会（活动）的后勤保障

（1）车辆调度：制片组安排专人管理车辆。剧组各个部门用车，需要提前一天递交申请。临时用车的，按照情况紧急程度依次安排用车。

（2）制片组确保外请演职员的接送用车，按照协议条款安排不同的车型。

（3）用餐安排：制片组安排专人管理，各个部门提前一天递交盒饭单，一般包括中餐和午餐，在现场彩排或录制超过10点的情况下需安排夜宵。

（4）住宿安排：制片组安排专人，负责外请演职员、嘉宾、剧组人员的住宿，按照不同的标准，提前预订房间，保证万无一失。

（5）安保票务：制片组与台后勤、场地提供方共同做好安保、供电、消防、票务等工作。

十二、大型晚会（活动）现场执行阶段的工作流程与规范

（一）验收舞台、灯光、大屏

验收搭建好的舞台是否和舞台设计图纸上的设计相符合，舞台机械设备能否安全使用，是否留出摄像机位和灯位。导播和摄像机根据演出区域调整机位，灯光师也要根据演出区域布光、调光。检查大屏是否运转正常，大屏之间有无色差、偏色情况，系统是否稳定，素材播放比例、画质是否正常。

（二）走台、联排、带机联排

（1）走台、联排、彩排是晚会合成的最重要的部分，一般小型晚会合成期1~3天，大型晚会5天。

（2）走台前，制片组与导演组协商，拿出走台期间盒饭安排、车辆安排单。

(3)导演与导播共同商量最终确定每个节目的机位和调机方案。

(4)正式演出前、舞台交付使用后,进行舞蹈走台,并调试音响设备。舞蹈单个节目走台完成后,带装走台。

(5)主持人、歌手、舞蹈、道具、舞台机械、大屏、灯光、音响各部门按照节目流程单进行联排,联排至少两遍,主要任务是解决节目之间衔接配合问题。

(6)带机联排,模拟正式演出,在联排基础上加入导演摄像环节,拍摄完毕,所有部门观摩拍摄画面,进行最后的技术协调与修改。

(7)每次走台、彩排完毕所有部门参加碰头会,对走台中产生的问题进行修正。

(8)领导审查等同正式演出对待,各部门要尽量到位,对领导提出的意见及时进行修改。

十三、大型晚会(活动)现场观众的组织和调动

(一)总体要求

在节目录制前,化妆组要确保观众着装、妆容无误。为确保观众整齐度,可采取佩戴围巾等饰品的方式,使镜头画面更加统一、丰富。现场导演可进行热场,让观众情绪高涨,保证现场观众在镜头中的表现力和兴奋度,从而影响电视机前的观众收视心理。

(二)现场观众组织和调动的方法

(1)有针对性地邀请观众,根据晚会的风格邀请合适的观看对象。

(2)在现场条件允许的情况下及时调整观众座位,把最好的观众放在离摄像机最近的地方。

(3)对观众的着装、妆容提出要求。

(4)现场导演要训导观众,掌控观众情绪,所有现场工作人员一起领掌。

十四、大型晚会(活动)宣传推广工作流程与规范

(一)宣传产品的设计与制作

(1)宣传片的设计和制作。在节目播出前一个月开始构思、制作宣传片。

(2)宣传海报。在制作宣传片的同时,也必须同步设计出海报。

(二)宣传通稿

(1)在晚会(活动)导演确定晚会(活动)主题后,宣传人员可参与前

期策划，为晚会（活动）提出更多的亮点。等导演确定节目单和文学台本后，可根据晚会（活动）规模和经费预算，由宣传人员撰写或组织专业写手针对报纸和网络分别撰稿。

（2）撰稿完成后，用两周左右的时间，有计划、有步骤地投放给报纸和网络，形成炒作热点，聚积人气。

（3）晚会（活动）录制当天，邀请媒体记者到场观摩、采访。

（三）宣传渠道

通过广播、电视、音像、电影、出版、报纸、杂志、网站等全媒体形态，融合广电网络、电信网络以及互联网络进行传播。

【拓展阅读】

资料 荆门广播电视台资源推介暨《直播荆门》开播十周年观众见面会活动方案（荆门广播电视台 2015 年 12 月 8 日）

为了宣传推介荆门广播电视台2016年媒体资源和品牌形象，加强与客户、观众的沟通交流，倾听意见及建议，努力搭建媒体、客户、观众、听众新的共赢和分享平台，荆门广播电视台拟举办资源推介会暨《直播荆门》开播十周年观众见面会。具体安排如下：

一、活动主题

携手·启航

二、时间地点

时间：2016 年 12 月 28 日晚

地点：艺海港湾

三、活动对象

1. 全媒体大客户、各媒体目标客户
2. 部分观众听众代表
3. 兄弟媒体单位
4. 行业专家学者

四、活动定位

资源推介会、新春联谊会、客户答谢会

五、活动内容要求及基本构成：

各部门用创新的形式推销和介绍媒体及产业资源，少量有关联的文艺节目和新媒体互动游戏穿插,总时长预计100分钟(以下为初稿,最终内容及顺序由活动导演组确定文本为准)。

1. 文艺节目开场(新闻中心负责3~5分钟)。

2. 4名主持人(电视、广播分别2人)开场,简单介绍广电体制变化和2016年媒体改版特色以及《直播荆门》栏目开播十周年情况。(3~5分钟)

3. 台长邹灏上台致辞。(3~5分钟)

4. 新闻频道推介:

(1)播放"十年 十人 十事"VCR,回顾《直播荆门》过去十年与荆门共同发展的历程,展示荆门广播电视台作为主流媒体的社会影响力。(3~5分钟)

(2)请出《直播荆门》忠实观众,与记者一同演绎一段动人故事。

(3)邀请重量级嘉宾参加访谈,让嘉宾讲述《直播荆门》十年来对社会的贡献和价值。(3~5分钟)

(4)介绍新闻频道2016年改版情况,推介频道价值。(6~8分钟)

5. 新媒体推介。(6~8分钟)

6. 新媒体第一次互动游戏。(2~5分钟)

7. 公共频道推介。(6~8分钟)

8. 教育频道推介。(6~8分钟)

9. 文艺表演。(睛彩荆门频道负责,3~5分钟)

10. 睛彩荆门频道推介。(6~8分钟)

11. 新媒体第二次互动游戏。(2~5分钟)

12. 荆门之声推介。(6~8分钟)

13. 文艺表演。(广播中心负责3~5分钟)

14. 交通音乐频率推介。(6~8分钟)

15. 荆门周刊推介。(6~8分钟)

16. 新媒体第三次互动游戏。(2~5分钟)

17. 十大主持人评选活动启动仪式。(6~8分钟)

18. 4名主持人(电视、广播分别2人)结语,展望与祝福(3~5分钟)。

六、组织机构(活动专班)

总策划:邹×

总调度:陈××

导　演:陶× 李×× 郑××

主持人串词撰写:李×

活动各项目责任人:胡××、别××、王×、李×、彭××、张××、陆

×、高××、周×、潘××、吴××、吴××、陈××、贾××、薛×等。

七、活动筹备工作要求及分工

1. 播出形式：现场直播。（别×× 贾××）

2. 细化方案：各部门根据协调会要求进一步细化各自方案（版块主持人、表演人、推介形式、时长等），12月11日前交导演；12月15日，导演根据实际情况修稿调整，形成完整方案，报编委会审定。（陶×负责）

3. 串词：12月20日前完成串词报领导审定。（陶×指导、李×撰写）

4. 邹灏台长讲话稿：陈诗哲负责撰写，12月23日前报台长审定。（陈××负责）

5. 前期宣传：流程和主题确定后，总编室负责草拟宣传文案，供全媒体宣传；电视前期宣传片及活动片头、片花由新闻中心及新闻频道负责制作，审定后由总编室协调播出；广播活动宣传片由各频率自行创意播出；新媒体前期宣传自行创意实行。要求各媒体最迟12月18日起开始高频次推出宣传炒作。（陈×、薛×负责）

6. 媒体内容审定：12月12日—22日集中对各媒体推介内容（包括文艺表演、互动游戏、PPT、VCR以及1~2分钟参评主持人视频简介）进行逐一审定；要求各媒体推介环节控制在6~8分钟。（王×、陈×、曾×、陶×等负责）

7. 总流程：12月20日敲定详细流程和活动细节，拿出活动正式流程及导演文本。（陶×、李×负责）

8. 彩排：12月25日彩排，总编室负责通知。（陶×负责）

9. 舞台设计及搭建：导演负责按要求设计搭建或协调，12月18日，设计后报领导审定，12月24日完成搭建和所有协调工作。（陶×负责）

10. 客户及观众邀请：各媒体负责拟定邀请各自大客户及观众、听众、读者名单；12月15日前报广告监管部汇总后交领导把关确认后统一开始邀请，重要客户台领导出面邀请，其他客户部门邀请；活动现场，以"谁的客户谁接待引导"由部门各自接待。（广告监管部、各媒体）

11. 领导邀请：市委宣传部领导和文体新广局领导由邹台邀请，办公室负责接洽协调。

12. 邀请函、互动奖品及纪念品等：邀请函、刊例、礼品及礼品袋、互动奖品等由台办公室负责协调落实（建议邀请函及刊例、礼品袋由印刷方设计，领导设定后印刷；礼品建议为印有荆门台标志多功能接收器；上述资料12月16日前导演组提出需求数量报办公室，提请台领导确定，由办公室12月25日前落实到位）。（胡××负责）

13. 现场安排：观众席水果、花卉等由办公室统一安排；现场礼仪人员由导演组负责联系；安保人员由后勤服务中心负责安排。(胡××负责)

14. 十大主持人评选仪式及新媒体参与：启动仪式按启动球的方式(陶×负责)；新媒体现场参与(扫二维码引导及现场互动)由新媒体中心论证和准备。(吴××负责)

15. 技术保障：技术中心负责活动舞台、直、录播所需的各种技术支持。(别××、贾××负责)

16. 协调会：12月5日—25日期间计划召开三次全媒体协调会，台领导参加，帮助导演组协调和解决活动筹备中各种难题，检查和督办活动进度及质量。集体会议时间由导演组建议领导确认后，另行通知。首次协调会初步定于12月10日举行，请各部门及其他项目责任人拿出方案、流程、分工、招商等文案，供会议协调、讨论；12月15日召开第二次协调会，进入联排；12月28日上午召开第三次协调会并进行彩排；12月28日晚间直播。(陶×负责)

17. 其他未明确事项由陈××同志负责协调和督办。

第六章 网络节目生产流程和标准

第一节 互联网新闻网站产品生产流程及标准

一、网络新闻选稿标准及流程

（一）网络新闻选稿的标准

根据国家法律、法规准则判断网络新闻。

根据新闻价值规律判断网络新闻。

根据网络传播规律判断网络新闻。

根据自身要求选择网络新闻，作为地方性官方新闻网站，在选稿、登载、转载时侧重于地方的、区域的新闻报道。具体要求有：

（1）有新闻来源说明；

（2）不选用与中央宣传口径不一致，攻击党和国家领导人，违反民族、宗教、外交及其他政策，以及宣传封建迷信、色情、暴力和明显失实、泄密的稿件。

（3）时政类新闻，原则上只选用规定的可供网站转载的新闻单位发布的新闻信息。

（4）热点新闻从不同角度选稿，多方面、连续报道，深度分析，整合编辑。

（5）不摘选过时新闻信息，除资料外，原则上只选当天和前一天的报道。

（6）报纸和新华社都有的，用新华社稿，特别是网站稿慎用，其转抄稿找到原出处再用。

（7）不遗漏重要新闻，也要选用更多的能吸引人的稿件。

（8）每天转载更新的稿件量80条以上。

（9）未经书面许可（或签约），不得转载任何商业网站的信息。

（二）网络新闻选稿流程

（1）网络稿源。主要有五个方面：传统媒体新闻、网络媒体原创、网民创作内容、党政机关及社会机构稿件和行业及企业稿件。

（2）网络选稿。分两步：第一步先从五类稿源里进行一般性选取；第二步是将进入本网站稿库的一般性稿件分类发布到频道首页、新闻中心首页、网站首页或适合各类稿件的频道。

二、网络新闻基础编辑内容及流程

（一）网络新闻基础编辑内容

网络新闻基础编辑包括单条网页新闻的修改、增添和删除等基础性工作，以及了解网络新闻内容管理系统、发布方式，网络新闻标题的编辑和制作。

（二）网络新闻基础编辑流程

（1）对要使用的网络新闻进行修改和删添。

（2）基于计算机的软件发布新闻。借助内容管理系统（Content Management System，CMS）实现单条新闻、信息的录入、分类、编辑、预览、发布以及网站整体的页面调整、专题制作、后台审核等工作。

（3）遵循传统新闻价值规律和标题制作要求，编辑制作网络新闻标题，完成基础编辑。

三、网络新闻整合编辑标准及流程

（一）网络新闻整合编辑标准

通过整合编辑实现对新闻资源的挖掘、加工和组织，从而形成独具特色、增值的网络新闻报道。

（二）网络新闻整合编辑流程

（1）确定选题。主题要具有新闻的重要性、显著性、贴近性等要素，同时还要具有网络新闻的及时性、互动性和多媒体性和热度、关注度和报道量等。

（2）选稿。确定选题后根据主题内容和整合编辑的要求对相关内容进行过滤和筛选。选稿对象可以来自传统媒体，也可以来自网民，既可以是文字、图片，也可以是视频和Flash；既可以有观点、评论，也可以选择背景资料和历史材料。

（3）配置。依据编辑意图有组织地配备稿件，编排、布置相关内容。

（4）制作。在上述三项工作后运用计算机技术、网络技术和网页设计软件等完成页面制作，实现对内容的包装和呈现。

四、网络图文和视频新闻编辑流程

（一）使用EDIUS制作软件编辑视频新闻流程

（1）进入EDIUS界面，点击采集模式下的输入设置选项，进入输入设置界面，选择输入设备 Generic OHCI Input，输入格式选择 DV720x576 50i，点击确定。

（2）进入卷号界面，在卷号使用 User Bit 下方点击确定。

（3）按下键盘上的 F9 键，此时计算机开始采集新闻素材。

（4）画面采集结束，点击停止选项，结束素材的采集工作。

（5）对所采素材进行编辑后，进入渲染模式，按下键盘上的 F11 键，进入选择输出器插件界面，点击最近使用选项，并勾选在出入点之间输出（B）；点击输出选项，选择文件保存位置，为所要渲染文件取一个自己能识别的文件名，此时 EDIUS 软件将会开始渲染文件。

（6）视频文件渲染结束，进入后台，点击新增视频，点击上传，视频文件上传结束，会自动实现转码。

（7）点击转码完成的视频文件，打上标题，截取视频图片，注明来源及作者，选择所要发布的位置，点击保存，点击待审核。

（8）在已审核状态下，点击全部文稿，发布至字幕变绿，该视频文件发布成功。

（二）使用大洋软件制作软件编辑视频新闻流程

（1）进入 D-Cube-Edit 界面，点击"创建项目"，设置"项目名称"，点击"确定"，进入到编辑窗口。

（2）在"资源库"窗口单击右键新建"文件夹"，以便采集素材到制定文件夹。

（3）打开"新建文件夹"，右键"导入"，选择"导入素材"；在"导入素材"窗口，单击"添加"，找到新闻素材所在位置；双击选中后，单击"导入"即可完成素材导入。

（4）在"资源库"窗口单击右键新建"故事版"，设置"名称"，单击"确定"即可建立故事版。

（5）在故事版窗口完成新闻素材编辑。

（6）新闻编辑完毕，标记"入点"和"出点"，单击"输出"，选择"故事版输出到文件"；进入输出窗口，可更改"文件名"和"路径名"；点击"添加"，将故事版添加至输出窗口；单击"开始采集"即可完成新闻素材输出。

五、网络互动管理原则和策略

（一）网络互动管理的总体原则

（1）趋利避害，加强引导。既要利用互动，扩大网民群体，提高网民参与度，让更广泛的人群在互动中交流沟通，贡献内容，提升网站的互动力，又要通过制定各种规章制度，杜绝有害信息和网络"害群之马"，确保互动平台的健康、安全、高效。

（2）将删、封、堵等硬管理手段与策划、调控、引导等软管理手段结合，既要坚持互动管理原则和要求，又要保证互动的参与热度。

（二）网络互动管理策略

（1）参与者的管理。对参与者的身份、资格进行管理，对互动对象中的重点人物进行关注，组织互动活动吸引网友参与，建立一支自己的网络互动队伍等。

（2）互动内容的管理。制定内容审核管理规范和内容选取准则，进行设置关键词过滤审核和先发候审的人工审查的过滤审核制度，选择高质量、有水平的文章多渠道向外推荐或在互动页面置顶突出显示。

（3）互动环境的管理从他律和自律两方面着手。他律即管理者要建立健全互动空间的基本管理制度，如用户管理条例、版主管理制度、互动奖惩制度、积分管理制度等，自律即让网民自己管理自己，彼此相互监督制约。

六、专题页面制作编辑规范及流程

专题页，指一个独立的网页，该页面的内容反映的是同一主题事件，基本元素包括内容、图形、链接和特效等。

（一）专题页面制作编辑规范

（1）收到任务，构思。

（2）确定专题页文字及所需 logo，建立工程文件夹。

（3）按照构思搜集素材，整理素材。

（4）制作宽 1920 像素的专题页头图，高度可根据需要调整。

（5）制作专题页样图，确定背景颜色和脚布颜色。

（6）将制作好的专题页头图和样图交给技术在新专题页中使用。

（7）提交领导审核、修改。

（8）完成并发布。

（二）网站专题页制作流程

（1）确认专题页上载的内容和栏目以及栏目的名称。

（2）根据第 1 条设计出专题页的框架。

（3）配置专题页栏目。进入m2o发布库的配置选项中，设置相应专题页栏目。

（4）上传专题页。进入CMS里面的网站界面模块，先添加模版分类；然后在上传模版中选择先前添加好的模版类别，上传模版（JS，CSS）和图片上传至images文件夹下。

（5）建立栏目和模版的关联。在CMS的栏目下找到先前在m2o中设置好的栏目，找到这组栏目的根栏目，点击鼠标右键选择"选择栏目模版"选项，根据第4项中设计的模版分类找到对应的模版点击即可。

（6）模版内容设计。进入m2o的网站界面，找到第4项中上传的模版，点击模版预设，进入模版内容设计界面依次设计响应内容。

（7）生成发布。进入CMS的生成发布模块下，选择第3项设置的栏目，选中"包含子栏目"选项，生成发布。生成发布后专页的地址会在CMS中显示。

第二节 手机客户端标准及流程——以荆门广播电视台为例

一、首页内容的选择和推送标准及流程

（一）首页内容选择的标准

（1）当天的《荆门新闻》视频6至10条。

（2）热度、关注度较高的《直播荆门》视频3至5条。

（3）热度、关注度较高的国际、国内新闻5条以上。

（4）幻灯片主要展示热度、关注度较高的新闻或本台举办的大型活动，每天更新2条以上。

（二）首页内容的推送流程

同网络图文和视频新闻使用EDIUS制作软件编辑视频新闻流程。

二、投票话题的确认和推送标准及流程

（一）投票话题的确认

投票话题是网络行动者对某特定事件意见和看法的表达。

（1）话题一般是近期热点内容或大型活动主题等，标题要明确具体。

（2）话题投票的选项要有明确的观点。

（3）话题投票的选项要具有代表性。

（二）投票话题推送标准

（1）确定话题名称。

（2）选择合适的文字、图片或视频素材。

（3）确定投票选项的内容（因投票话题为选择项，所以每个选项内容都是一个高度概括的观点）。

（三）投票话题推送流程

（1）进入 m2o 后台节目，互动应用板块的投票，点击新增投票。

（2）输入投票名称，键入投票的选项名称。

（3）如果投票的选项有图片、视频等附件，点击高级模式，添加图片、视频。

（4）默认两个投票选项，如果要增加选项，点击新增选项。

（5）选择该投票调查的缩略图，选择分类选项之一。

三、点播内容的确定标准及流程

（一）确定点播内容的标准

点播内容主要展示我台自办音频和视频节目，分为所有栏目和重点栏目两部分，由我台编委会确定可以进入点播界面的栏目。

（二）点播内容的推送流程

（1）点播内容确定后，各栏目组将栏目名称、栏目图片、栏目简介统一交网站的网络形象包装人员。

（2）网站和总编室进行衔接，了解点播栏目的详细播出时间，为所有点播节目设置收录时间。

（3）网站为点播栏目开设上载窗口。

（4）点播栏目的节目组人员自行上载节目。

四、图集内容的选择、发布标准及流程

（一）图集内容的选择标准

（1）在中国新闻网、新华网、新华社等一些国内大型的权威网站上选择国际或国内重大的事件或者活动的图片集合。

（2）本地重大活动或新闻事件的图片，以组图加文字描述的信息来呈现。

（二）转载图集的流程

首先把图片另存到本地，再在后台上传图片，然后在不破坏图片本身所表达意思的情况下，对图片进行适当的裁剪，去除水印。若是别人网站专访或独家，则尽量保持图片水印等完整，避免版权问题。

（三）自采稿件流程

（1）选择照片，打开图片处理软件（如 PS、美图秀秀等），对图片的色彩、大小进行调整。

（2）对图片微调好后，打开图片处理软件，添加本网站水印，点击预览。

（3）预览后，选择一个保持路径，将打有水印的图片另存在桌面。

（4）进入后台，选择图集，点击添加按钮，选择刚保存的图片，想呈现在最后一张的照片要最先上载（如果出现顺序的差异，可以鼠标左键按住图片不动，拖拽到你想放到的图片后面，如果图片上载错误，点击图片，左上角有删除按钮，可以对图片进行删除）。

（5）图片上载完成后，用一句或几句话来对每张图片进行描述，同时在左边摘要处，对整个事件进行摘要说明，大概在 50~100 字。

（6）完整填写标题、作者和内容出处。

（7）发布的选择，一般情况下，图集我们会放在首页幻灯片内，手机 APP 的幻灯片暂不支持摆放图集，所以选择首页幻灯片即可。

（8）最后保存，点击审核，进入 CMS 后台，刷新生成首页后，回到网页，检查所发布的图集。若有问题，及时修改；若无问题，图集发送成功。

五、专题页面制作编辑标准及流程

（一）专题页面制作编辑标准

（1）制作专题页头图，高度可根据需要调整。

（2）将制作好的专题页头图和样图交给技术进行设置。

（3）提交领导审核、修改。

（4）按照构思搜集素材，整理素材。

（5）完成并发布。

（二）专题页面制作编辑流程

（1）进入 m2o 的专题页模块。

（2）设置专题：点击新增专题，依次添加专题名称，索引图。

（3）添加内容：选择添加内容依次勾选文稿、视频和图集等。

（4）专题发布：在专题模块首页，找到该专题的状态点击，使该状态变更为"已审核"即表示专题发布。

六、爆料互动的管理和编辑办法及流程

（一）爆料管理的办法

爆料用户通过网站或者手机客户端的入口发布消息，后台管理者拥有审核、删除的权利。

（二）爆料管理的基本流程

（1）进入m2o的爆料模块。

（2）找到指定爆料内容，点击编辑按钮，根据需求修改爆料的内容，并发布至相应的栏目。

（3）发布爆料，点击"未审核"按钮变更状态为"已审核"，即爆料发布。

七、微博圈的选择标准及流程

（一）微博圈的选择标准

（1）尽量转发自己的内容，或者转发其他号对企业正面评价的内容。

（2）@人数量不宜过多。微博内容@人数量1~3人为宜。如果超出3人的话，太多@的用户连在一起，会造成粉丝看微博时有视觉压力，他们往往选择跳过阅读。

（3）合理规划微博发布数量和频率。微博发布的数量太多，时间间隔太短，频率太快，以致造成刷屏，引起用户反感，用户最终取消关注。

（二）微博圈的选择流程

（1）本地新闻，按要求推送。

（2）热点新闻，及时转发推送，图文并茂。

（3）趣味新闻，不单只是发布文字，适当加入一些表情符号，配上适合的图片，把内容的形式丰富起来。

【 拓展阅读 】

资料一：《互联网站登载新闻业务管理暂行规定》
资料二：《互联网信息服务管理办法》
资料三：《互联网上网服务营业场所管理条例》
资料四：《中华人民共和国政府信息公开条例》

第七章　平面媒体编排生产流程和标准

——以荆门广播电视台《楚天声屏　荆门周刊》为例

第一节　平面媒体编排生产流程和标准的适用范围

本编排规范规定了《楚天声屏　荆门周刊》的主要编排格式及编辑加工规范。版面设计要周密地考虑到每一篇稿件在版式结构中的位置，主题鲜明、主次分明，力戒轻重倒置，随意拼凑。全版既突出中心，又相互呼应，消息、评论、通讯、专栏，文、图稿件各得其所，既保持足够的信息量，又体现报道意图，引导读者依照版面的安排，取舍阅读。划版要规范，在编排文字稿件的走向时，要用多变的走文形式，使版式结构中的块状形态变化多端，要注意版面形块分割合理。编辑和排版人员要在整体了解正文版式设计的基础上将版面排得美观，排版的实际操作中有许多可变的因素，要结合实际，结合编辑的要求和作者的要求，参考标准，灵活运用。

一、报纸稿件及采编

报纸稿件可归纳为文字、图片、广告三大类。其中文字、图片稿件的来源主要有以下几个途径：记者采访、通讯员等投稿、网络下载、报社相互间交流等。广告来源为：客户上门要求登载、各广告公司组稿、报社广告部门组稿等。遇到重大突发事件，如重要社会活动、会议、外事等均要派出记者进行采访。此外报社的宣传报道计划，一个时期还有其重点，所以还要适时地进行一些专题采访报道。

报社编辑部往往分为若干个版面编辑组，每个组每天都需要把采访来的稿件进行筛选，决定哪些先用，哪些后用，哪些可用，哪些不可用。编辑对原稿还要进行审稿、改稿、加工润色等。

此后，版面编辑要根据文章的重要性、与整版主题的关联性等因素来确定文章在版面中的位置，也就是我们常说的头条新闻，二条、三条和"倒一条"等。

二、报纸版面的编排与设计

报纸版面的设计很重要。一个好的版面可以更好地表现舆论导向的正确性、版面内容的可读性，也可充分展示其可欣赏性。对读者而言，看到这样的版面是一种享受，会产生精读内容的强烈欲望。

（一）确立版面编排思想

一个版面是由多种内容组成的，这个版面有着自己的重点内容和辅助内容，要突出宣传什么，集中宣传什么。版面编排思想，就是组版编辑采用各种不同的版面手段，用版面语言向读者展示编辑的重点指向，实现引导读者阅读的编辑目的。

（二）版样的构思

确立版面编排思想后，就要考虑用什么样的版面形式来体现它，用什么样的版面手段来实现它。首先要立意，这是版面设计的开始。立意要体现独特的版式风格，能更好、更准确地把编排思想和主题体现出来。因此，要设计出一个优秀的版面，版面编辑需要有全方位的知识，除新闻专业知识外，还要对语言学、美学、心理学、印刷学等有一定的了解。

之后，版面编辑要把立意等编辑意图落实在版样纸上，形成激光照排的作业图，组版人员才可"按图施工"。所以，版面编辑要重视版样的计算准确性和表达明确性。

（三）文章区、标题区的确立

确立文章区是版面设计的第一步。它是在版面编排思想的指导下，用具体的版式来实现的。文章区内容包括正文字稿区、图表区、栏目装饰区（有的称为"报花"）、照片区、刊图区等所占有的版面空间。在已确定的文章区中，确立标题区是首要的。但在确立标题区时要留有可调余地，使它为版面的形成充分发挥灵活、机动的调整作用。

第二节　平面媒体版面设计基本原则

一、报纸幅面标准

《楚天声屏　荆门周刊》四开报纸幅面尺寸为 370 mm×280 mm，版心尺寸为 340 mm×240 mm，版心字数为（小五号）86 行×71 字。

二、报纸分栏原则

（1）整版通栏最多5栏，栏间距为1.5字。栏宽为4.5厘米，每栏13~15字。汉语阅读实验表明，15至25个字的栏宽阅读比较舒适，超长或超短都会引起视觉疲劳。

（2）行距为0.25字，整栏共86~87行。

（3）版面的新闻板块分栏标准主要有两种形式：3栏+2栏、4栏+1栏。

（4）版面上的文章尽量各自成块，不同文章间可用底色、实线或花边加以区分，严禁"露头藏尾"以及文章与文章之间互相咬合，使人阅读了上文，找不着下文，或者是找文章的开头都很困难。总的来说不仅要方便读者阅读，而且要吸引读者阅读。

（5）一篇文章在版面上的宽度，必须占版心的整栏，可以是1栏，也可以是2栏、3栏、4栏、5栏。标题也必须占版心的整栏，一般头条的标题最多占4栏。文字占5栏（即俗称的"通栏"）、标题占4栏或5栏。

三、报纸字号调整原则

在不违背字号使用总原则的情况下，字号大小可根据设计需要进行适当调整。字号大小的确定有三个依据：

（1）各个层级元素之间的对比关系，如A应该比B大多少，C应该比B小多少等，要能把各个层级之间的轻重关系体现出来。每个版面都有一个中心，中心文章的标题字号可以是这个版面最大的，或者配以中心图片，来突出版面的中心位置。

（2）版面整体比例关系，也就是让文字突出但不唐突，弱化但要可见。

（3）成品的视觉效果，简单地说就是看着好看或舒适，这是最重要的。报纸不同版面可能会用不同的字号。通常使用小5号字，如版面需要可适当用6号字，根据上面所述，文字形式要符合文章的内容。

第三节 平面媒体用字规范

一、排版用字的基本原则

（一）影响平面媒体用字的因素

平面媒体的基本用字可以根据以下三方面因素来选择：

（1）开本幅面大小。

（2）排版内容。
（3）篇幅长短。

（二）平面媒体用字的基本原则

从上述影响平面媒体用字的三方面因素，可以概括出平面媒体用字的基本原则：

（1）用字大小与出版物幅面成正比。
（2）重要的内容用字大一些。
（3）用字大小与篇幅长短成反比。

二、平面媒体正文的字体与字号

（一）推荐平面媒体使用的几种字体

（1）宋体：标宋、书宋、大宋、中宋、仿宋、细仿宋。
（2）黑体：中黑、平黑、细黑、大黑、超粗黑。
（3）楷体：中；楷、大楷、特楷。
（4）等线体：中等线、细等线。
（5）圆黑体：中圆、细圆。

这些字体是一些标准的基础字体，虽然普通却很耐看，一般内文都使用这些字体。

（二）平面媒体严禁使用的几种字体

（1）所有各类版面上严禁使用舒体和康体。
（2）新闻类版面上尽量不用琥珀、综艺、圆体等。

三、正文排版中的行距

文字的行与行之间必须留出一定的间隔才方便阅读，这种行与行之间的空白间隔就叫"行距"。版面正文之间的行距应当选择适当。行距过大显得版面稀疏，行距过小则阅读困难。行距一般根据正文字号来选定，版心正文字号一般为小五号（9磅）报宋，其行距是正文字号的1.5倍左右（14~13磅之间）。

第四节 标题制作规范

一、不同文体标题字体使用原则

标题字体的选用要紧贴主体的信息内容，要与版面中其他元素相协调。

字体讲规格、求美,做到题文相符,力求简洁标题的主题、肩题、副题字号,报纸公文的标题用字主要有两部分,一是文头字,二是正文标题字。文头多用较大的标题字,如宋体、黑体、隶书、美黑体或者专门的手写体字;正文大标题多采用二号标题宋体或黑体,小标题采用三号黑体或标题宋体。公文中的标题文字一般使用标题宋体。要把握以下原则:

(1)消息标题以黑体、宋体、楷体为主。主题基本用大黑,特殊情况下头条标题可用超粗黑。

(2)特写、通讯的主题可用楷体、魏碑、隶书等字体。

(3)知识性、文学性、信息类文章标题通常可用宋体、黑体、楷体、隶书、魏碑、手写体等六种字体。

二、标题字号使用原则

(1)新闻版实质性头条(有时不一定处在头条位置)主标题字号应在60磅左右,特殊新闻事件可适当加大。国家和市级领导人名字(可进入标题者)在肩题或副题中一般为21磅(2号)字,字体为小标宋。领导人名字进入主标题的,可酌情处理。

(2)主题前的提示题一般用13磅(4号)字。肩题或副题字号一般大于提示题,以与主题搭配和谐具有美感为度。肩题、副题同时出现,一般肩题字号要略大于副题。

(3)标题字体一般不要变形,挤长或压扁都会影响字体正常审美效果。如需变形,主题一般不要超过两个字号,肩题、副题等不要超过一个字号。最适合变形的字体为黑体,魏碑、隶书尤其不能拉长,艺术类字体不适合变形。

(4)标题要尽量简洁准确,主题一般不要超过10个字,极限不要超过12个字。要尽可能少排"一行题"和"一栏题"。

(5)标题尽量横排。汉语实验表明,一个12字标题,横排的阅读时间约为0.4秒,竖排的阅读时间约为0.8秒。带数字和字母的标题,一定要横排。一个版内的竖标题不能超过两个。

(6)确需使用竖题时,肩题要略高于主题;肩、主、副题梯次排列,逐渐降低,同时肩题、副题的底部不能超出主题;竖题居文章块之右(或右上)时,肩、主、副题自右向左排列;竖题居文章块之左(或左上)时,肩、主、副题自左向右排列;竖题尽量不要卧中,如必须使用时,肩、主、副题由左向右排列。

(7)横标题中,肩题和副题在宽度上不能超过主题。杜绝标题两头破栏串文；如要串文，可串整栏。尽量不出现折行主题；标题较长时可折行，但尽量不要超过两行。标题折行时，不要把人名、地名等专有名词截头或去尾，最好完整地挤到上一行或移到下一行，主题折行尤其要注意；折行时第二行或第三行首字不要是虚字；折行标题最后，最好有三至四个字的空白。

（8）广告类版面应注意，不能因客户对版面中非主体的局部要求醒目而随意加大标题字号，也不要一个标题变化多种字体，这会打乱了版面的整体布局，影响版面的主题思想。如客户对文章块有特殊要求，要做到在尽量满足客户要求时，而又不放弃对版面的总体把握。

（9）不要在临近版面顶端栏线处安排两个或两个以上大字号的多栏标题，要用照片或图表分开它们；尽量不要把标题并排排列，要使用照片、边框、图表，甚至空白把它们分开，特别是标题字号相近、字体相同时；如果可能，在每四分之一的版面以及版面中央都至少安排一个醒目的多栏标题；可在底部使用多栏大标题，但要确保字号小于版面上方重点稿件的主标题；使用各种字号的标题，使版面形成对比。

第五节　正文写作格式规范

一、段落开头全角汉字的位置

段落间除非有上下文意思的大转折大跳跃，否则尽量不要有空行。每一段落开头应该空两格，段内换行应为软回车，即不按回车键的自然换行；另起一段应为硬回车，即按回车键产生的分段。

二、章节标识规范

文章内如果分章节，一般采用汉字"一、二、三、四……"标识，也可用阿拉伯数字，只要全篇前后一致即可。小标题和章节数及文章写作日期也请空两格全角汉字的位置，并和上下文适当分行。

三、标点符号使用规范

标点符号一律为全角符号，占用一个汉字的位置。行首除了双引号、单引号、书名号、单括号，请勿使用其他标点符号。

四、数字和英文字母的使用规范

数字和英文字母一律为半角。

五、版心文字的规范

版心文章主体文字为小 5 号方正报宋。言论、点评、编者按等评述性文字用小 5 号楷体。没有总编辑批准，不能随意改变字号、字体。"本报讯""通讯员"等讯头字体统一用黑体，文章作者姓名用楷体。

六、正文编排规范

（1）文章主体不许使用竖文排版（照片说明文、诗歌、辞赋可例外）。

（2）正文字体严禁变形，文章至结尾行数不能平衡时，可找适当段落加大或缩小字距进行微调，但须把握好必要限度。首段字距最好不作调整。

（3）专刊专版类版面正文可尝试使用推荐之外的基础字体，但总量要适当，长篇文字不要使用推荐之外的字体。变换字体总的原则就是不要乱用，用时要能讲出切实的道理，其中关键是一定要有视觉美感。

（4）书法字体和手写字体是对字体过于雷同的一种好的解决方法，专刊专版类版面上适当使用，可让版面产生灵气和个性。

第六节　图和线的运用

图片包括照片和各类有关图表等。图片和线条运用得当，能增加版面语言的表现力，实际编排中根据图片本身内容以及与整个版面的协调等情况，设计图片的大小尺寸，或加框、线点缀。

一、图片的运用必须严格按照印刷要求

（1）彩色版面和黑白版面使用 TIF 格式的 CMYK 模式图片。

（2）图片像素必须达到 300 dpi。

（3）网络下载图片原则上禁止使用，如遇突发事件，可以"现场图片至上"为原则适当放宽使用权限。

（4）套红版图片在 PHOTOSHOP 通道中，只能显示红、黑两种通道，黑白版图片在 PHOTOSHOP 通道中，只显示灰阶通道。

（5）一个版的飞腾文件中的文字和图片及飞腾文件必须放在一个文件夹内。

二、图片使用规范

（1）要重质量，精挑选。不能单纯追求版面美观而不考虑图片内容是否符合见报要求或降低对图片画面质量的要求。

（2）注重图片与内容相结合。不能为了版面"图文并茂"，而把不相干、不协调、信息相左或情感殊异的图文强行组合在一起，导致稿件组合所体现的版面思想混乱，使读者无法从图文的阅读中获得一致的信息和感受。

（3）要有法律意识。在使用图片时要注意避免给报纸带来肖像权和版权的法律纠纷。

（4）照片镜像时一定要仔细斟酌，注意文字、数字、国旗等不要反过来。

（5）照片可适当变形或剪裁，以增强画面表现力，但一定要有度，不能削足适履，破坏画面的艺术性。

（6）尝试用三维立体插图或各种表格、示意图、流程图等解读新闻，使读者对新闻事件有形象化了解。

（7）图片要使用长方形的，比率大概 2/3，接近黄金分割 0.618，这样符合人们的审美习惯。如果图片上的内容确实需要剪裁，经过剪裁之后接近方形，可以在图片下加上底色，底色为长方形，加上图片说明，给人以长方形的视觉效果。

（8）使用照片要大方，如果一张两栏的照片效果很好，那么多数情况下，放大到三栏效果会更好；裁剪照片要艺术化，不要浪费空间；把大照片放在版面的最上部，然而也不要怕在底部使用大照片，但有一点要注意，必须确保上面的照片比底部的大些；不要让版心边上的照片中人物眼光向版面外边看，这会破坏整体感。

（9）图片尽可能配以说明文。

三、图表说明和署名规范

（1）照片一定要有说明文，用楷体，字号同版心字。文字同稿件一样正常行文，最前空两格。超长的说明文还可以换行。说明文除相关背景介绍外，一定要有具体画面内容的解说。多个新闻人物在画面上一起出现，还要标示清具体位置，如"左""左一""右二"等。除特殊艺术表现，照片说明文严禁压片，压片时严禁"挖白"。

（2）一组照片除总的新闻稿或说明文之外，有时每张具体照片要设较短的标题性说明文字，可使用黑体甚至其他字体。位置也相对灵活，一般位于照片下部居中，也可以在照片左下、右下或下中部；有大小相同的连续性图片，甚至可考虑放到照片上部同一位置。

（3）照片说明文不在照片下部时，要在说明文前标示具体位置。标示时可用箭头、三角号，也可以使用文字，如"右图""下图""题图"等。表示文字用黑体，字号与说明文一致，前空两格，后与说明文间空半格。

（4）独立的新闻照片，两栏或两栏以上建议配新闻标题。达到三栏一定要配标题。标题可根据画面内容，压在照片上或不压，压片时不要破坏画面整体感。压片部分要勾白边。

（5）照片必须有作者署名，放在说明文最后，一般均为报宋，同版心字，也可楷体。主要有三种形式："本报记者×××摄"；"本报通讯员×××摄"；×××摄。摄影者如果是两个字的名字，署"本报通讯员××摄"，即人名与"摄"字之间不空格。

四、边框线条规范

（1）新闻版基本不使用花线，以单线为主。

（2）每版头条或需要突出强调的一篇、一组稿件可以用矩形线框框起来。彩色版面使用 C100+M40+Y0+K10 的蓝色磅线，黑白或套红版使用 K70 的灰色磅线。

（3）形式必须服务内容，版面的一切设计都是为了突出内容，不能喧宾夺主，以形害神。版面的装饰应遵循简约的原则，装饰物宜少而精，每一根线条、一个线框的运用都要体现其版面主题思想，而不能随意盲目。

（4）新闻版面的主体新闻正文应与广告有明显的界线区分，可视版面广告情况在新闻文字下划出比较粗重的分隔线。

第七节 版面编排的色彩运用规范

一、版面色彩的基本概念与原则

（1）版面应有主色调。色彩的运用有着自身的规律。任何报纸版面，都应有它的主色调，这个主色调应该与版面主题相适应，通过色彩的和谐搭配体现出版面内容所要表达的主题与情绪，以便对读者的视觉和心理产生影响。

（2）版面主色调的颜色，在版面颜色中应占六成以上的面积，不然主色调就难以形成。在统一主色调的前提下，再配以相邻色系的临近色，可给人以和谐统一的感觉。主色调是报纸的信息代码，体现了一张报纸的形象和理念。如主体色调定位为蓝色调，具体到标准用色就是指在四色印刷中以

C100+M40+Y0+K10 为标准色的蓝色。这种蓝既包含红的成分，又包含黑的成分，是一种复色，所体现的形象严谨、沉稳，具有亲和力。

二、CMYK 模式的运用

（一）什么是 CMYK 模式

三原色能够按照一定数量规定合成其他任何颜色。但是我们在运用电脑进行色彩调配时，往往不是运用红、黄、蓝三色进行调配，而是用四种墨色来进行，即靛青（C）、品红（M）、黄色（Y）、黑色（K）。这就是我们在印刷上所运用的 CMYK 色彩模式。

CMYK 模式以打印油墨在纸张上的光线吸收特性为基础，图像中每个像素都是由靛青（C）、品红（M）、黄（Y）、黑（K）四种颜色按照不同的比例合成。每个像素的每种印刷油墨会被分配一个百分比值，最亮（高光）的颜色分配较低的印刷油墨颜色百分比值，较暗（暗调）的颜色分配较高的百分比值。例如，明亮的红色可能会包含 2%青色、93%洋红、90%黄色和 0%黑色。

在 CMYK 图像中，当所有 4 种分量的值都是 0 时，就会产生纯白色。CMYK 色彩模式的图像中包含四个通道，我们所看见的图形就是这 4 个通道合成的效果。

（二）不能使用 RGB 色彩模式

在制作用于印刷色打印的图像时，不能使用 RGB 色彩模式（即红绿蓝）的图片，因为 RGB 色彩模式的图像不具备 CMYK 色彩模式的图像分色，如果使用的图像素材为 RGB 色彩模式，必须在编辑完成后由排版设计技术人员转换为 CMYK 色彩模式。

（三）不能使用专色色彩模式

在使用方正飞腾软件设计、排版制作版面，要使用 CMYK 色彩模式，不能使用专色色彩模式。如果这样就会得多出菲林，增加出菲林和印刷成本。专色色彩模式通常是用于一些印刷品在使用了 CMYK 色彩模式之后，再加上专色进行烫金或烫银。

三、版面编排的色彩运用策略

（一）色彩的运用要根据报道内容的特点来定

比如报道卫生工作类新闻时，色彩运用要庄重大方。如果遇到重大事件，则根据事件的性质特点，或以红色、或以蓝色、或以黑色作为其整体色彩，即主色调，显示出格调或喜庆庄重、或清新高雅、或沉重悲哀。主色调也可配以临近色，或者配以相应的对比色，给人以醒目突出、视觉冲击强的感觉。版面主色调的颜色在版面颜色中应占六成以上的面积，不然难以形成主色调。版面的主色调要通过某一色彩体现出来，但不能千篇一律地限定在一种色调范围内，应该根据版面的不同性质和内容，适当变换色彩的倾向、纯度、明度及组合方式，以烘托和反衬内容间的内在联系，形成既有变化又有统一的色彩基调。

（二）版面配色要遵循下列程序

（1）首先要确定想达到什么样的配色效果。

（2）然后决定主色调，再选择搭配色和背景色。

（3）最后调整明度、彩度，完成配色。

（三）版面配色时的注意事项

在明确了版面整体色彩风格的前提下，各版编辑和设计排版人员应有意识地调整版面色彩运用时的个人特色，向整体色彩风格靠拢。主要应注意以下几点：

（1）在版面色彩主体基调确立的前提下，结合不同版面，可以适当增加色彩的运用，但每块版面的色彩不宜超过4种（不包括彩色照片本身的色彩），并应适当考虑彩色照片本身的主色调与版面主色调的搭配。

（2）彩版的颜色切忌太花太乱。新闻版尽量不在文章上大块铺色，专刊专版版面也应避免颜色使用过多现象，要做到惜色如金，用得恰到好处。

（3）新闻版标题通常都用黑色，用红色标题须经总编辑批准；专刊专版版标题也应尽量用黑色，彩色标题要有节制。

（4）专刊专版的版面色彩应在不影响客户要求和需求的前提下，在整体统一前提下进行版面色彩归纳，不同版面的主色调不应太多太乱。

（5）版面文字铺彩网或灰网时，不要选择过于纤细的字体，如楷体、仿宋体、报宋等；运用纯彩、黑色或深灰底纹反白时一定要慎重。

（6）冷色调新闻纸彩色印刷要注意设计时去掉5%左右的青，暖色调新闻纸设计时要去掉5%左右的黄。在印刷的时候，可以根据纸张的特点，与印刷厂的师傅交涉，做好调色工作。

（7）针对彩色印刷与套红印刷，设计时也应有所区别。彩色印刷的设计稿电子文件应是CMYK四色模式，套红印刷则要注意C版和Y版绝版。

（8）文字颜色设置及底色颜色设置要有限制。黑色文字一定要用单色K100；标题、底纹用色最好是CMYK四色模式中的两个色版以内的颜色；浅色底纹上压文字的话，文字最好用黑色。

（9）阴字（即文字反白）字号与字体的要求。阴字底纹用色最好是单色，其字体最好用等线体，如黑体；字号不小于6号。

（10）放入飞腾中的图片必须是TIF格式，彩色或黑白印刷的图片分辨率一般应在300 dpi以上。版式内的文字、图片、图像若为彩色只能用CMYK颜色，套红版图片在PHOTOSHOP通道中，只能显示红、黑两种通道，黑白版图片在PHOTOSHOP通道中，只显示灰阶通道。

第八节　校对与发排

一、平面媒体的校对流程

校对要经过"三校两查"，在忠实于原稿的基础上，校正错别字、掉行掉字、重行重字；校正标点符号、人名、地名及专业技术词语；校正外文、数字、外国人中文译名等；校正中外名人语录、历史事件发生的时间地点等。

"三校"指的是：文字录入后打印出小样，校对人员进行校对叫"一校"。组版完成后的发纸样称"大样"，校对人员对大样进行校对称为"二校"。组版人员根据校对后的大样进行修改后，重新发出的纸样称为"清样"，校对人员对清样进行最后一次校对称为"三校"，把清样下发到照排车间改正后，就可直接发排胶片付印了。

"两检"指的是校检人员在上大样时设专人从头到尾通篇检查一道，特别是对人名、地名、专业术语、引用语录等要认真核对，保证准确无误。待上清样后，还需要认真阅对，仔细检查是否还有疏漏。遇到重大政治活动，对重要版面和文章，有时出版后还需检查一遍，以确保无任何差错。

二、平面媒体的发排流程

组版工作完成后，用激光印字系统发出纸样供编辑、校对使用。同时，在编辑部最后下清样后，组版人员在计算机上进行最后的修改，然后用激光照排系统发排胶片。随着直接制版技术的发展和应用，目前，我报刊社已不再发排胶片，而是通过CTP系统直接制作印版上机印刷。

三、出菲林前的准备工作和出菲林时的注意事项

（一）出菲林前的准备工作

（1）检查图片、色块、线条和文字是否是 CMYK 颜色模式。

（2）文本框内最末端是否有文字未显示现象。

（3）一个版的飞腾文件中的文字和图片及飞腾文件是否放在一个文件夹内。

（4）样稿要经相关责任人最后签字确认后，方可发 PS 版。

（5）发 PS 版后，要再次检查版面数量。

（二）出菲林前的注意事项

（1）在菲林输出前，要在菲林输出公司检查 PS 文件数量。检查所有版面的图片、色块、线条和文字是否符合样本。特别是检查所有版面的图片、色块、线条和文字是否存在击穿现象。

（2）PS 文件有任何问题，都不允许发菲林，都要修改后符合要求方可。

（3）菲林要在灯光下看片，C、M、Y、K 四张片子对准角线重叠检查。确认菲林数量。

（4）如菲林有问题，要求菲林公司重发，绝不允许将错误菲林交印刷厂印刷。等改正确认无误后方可印刷。

【 拓展阅读 】

资料一：中华人民共和国国家标准

《出版物上数字用法的规定》

资料二：《出版物汉字使用管理规定》

第八章 广告生产流程及标准

加强广告管理，规范广告经营制作、发布行为是各城市电视台十分重要的一项基础工作，它涉及广告洽谈、合同签订、前期策划、中期执行、后期评估、合同收款，是一项复杂而又系统的工程。

第一节 广告管理规范

一、广告管理原则

（1）广告监管部门是全台广告经营及宣传服务类创收的管理部门，负责全台所属广播、电视、报刊、网络媒体广告经营及宣传服务类创收行为的全流程监管。

（2）城市台所属广播、电视、报刊、网络媒体所承接的广告及宣传服务类节目刊播前必须按规定填写《广告刊播安排单》，在签约、价格、刊播、收款等关键环节接受广告监管部门的统一管理。

（3）在各类经营活动中，凡违反本规定的，均要追究责任，并进行经济处罚。

二、广告价格制定与执行规范

（1）每年12月份前，全台必须完成下一年度的广告价格制定，价格制定由广告监管部会同各媒体运营广告部门共同完成，所有新制定的年度价格经台广告经营工作会审定并报台长批准后执行。

（2）各部门在广告洽谈中不得擅自突破最低限价，特殊情况需报分管领导或台长审批后方可执行。

三、广告生产流程

（1）广告项目申报：广告承接人获取新的广告投放信息后，应到广告监管部进行项目申报。申报时，承接人应对该广告产品的类别、合作意向、预期投放额度等进行详细登记，原则上谁先申报谁就拥有优先联系权。若未经申报自行联系，并且报价低于其他联系人的，不计任务不提成，同时还将视情况给予相应的经济处罚。

（2）合同签订：所有经营行为都必须签订书面合同，明确双方权利和义务，签订广告合同必须遵守相关法律和法规，特殊广告须有工商、卫生、药监和农业等部门的审批文件，方可签订合同。

（3）合同审核与存档：合同签订前承接人须将合同送广告监管部门审核通过后方可盖章，待客户单位盖章后再将合同原件送交广告监管部门存档。

（4）广告制作与审片：由客户提供和本台制作的各类广告必须符合《中华人民共和国广告法》和国家及地方的相关法律法规。各部门承接的广告或收费性节目由各部门负责人审核，相关负责人对广告内容不能把握和决定的应报台相关领导审定。

（5）广告刊播安排单填写：承接人须在广告刊播前一天按规定填写《广告刊播安排单》，要求内容完整、字迹清楚无涂改。

（6）刊播安排单审签：① 初审：广告审核员与承接部门负责人对广告播出时段、价格、内容和视、音频技术质量及规范进行审核。② 终审：广告监管部主任签字后，提交分管领导或台长终审。

（7）广告编单：所有频道的广告串联单编制均有媒体运营中心承担；广播频率统一由广告监管部安排专人负责审核上单，各频率负责本部门的广告制作、编单、初审；中心、网站各部门由本部门指派专人负责。广告编单人员须凭《广告刊播安排单》才能进行广告编排，同时还须详细查看《广告刊播安排单》是否有广告监管部的签字，如没有则不得安排刊播。广告编单人员必须严格按《广告刊播安排单》中所填写的要求进行广告安排，不得擅自更改《广告刊播安排单》中的内容，更不得擅自更改广告的播出时长、时段、版面和次数。

（8）广告刊播：广告上载或排版人员在进行广告刊播时必须仔细查看所刊播的广告是否填写了《广告刊播安排单》，同时要与广告编单人员共同在广告串联单上履行交接签字，待广告刊播完成后第二天必须将广告串联单送交广告监管部。上载（或排版）人员必须严格按广告串联单中的内容进行上载，不得造成漏播、错播、多播。

四、广告进账管理规范

（1）各类宣传创收行为广告均实行先收款后刊播的原则。若因特殊原因未提前付款的，原则上不予刊播，确需刊播，则必须由承接部门或承接人提供担保，并承担由此可能造成的损失。

（2）所有广告费进账原则上都要通过银行转账，承接人凭进账单开具广告发票。银行进账要进入台规定的账户，严禁将现金打入其他账户或私人账户。特殊情况下只允许两千元以下的现金进账，此类进账应及时将所收现金交给财务部并开具发票，严禁现金在个人手中滞压。

（3）先填广告播出安排表后开发票的，广告承接人须向广告监管部准确告知发票号码及播出单对应情况。

（4）凡在财务科开具的发票视同现金，若超过一定期限未能进账的，将按规定在责任人的工资中扣除。

五、广告播出安排单及合同的管理

（1）广告播出安排单及合同由广告监管部专人进行严格登记、发放和核对。

（2）部门（栏目）应指定专人到广告监管部领取播出安排单。承接广告较少的部门不单独领取播出安排单，其刊播手续在广告监管部办理。领取播出安排单的部门（栏目）要对播出安排单进行妥善保管，防止丢失和缺联。

（3）根据空白播出单的序号，广告监管部对各部门（栏目）所领空白安排单的使用情况进行核查。广告监管部发现已使用完的播出安排单有缺联时，由广告监管部向空白播出安排单领取部门进行追索。

（4）所领空白播出安排单及空白合同的作废联未交或丢失的，责任部门和责任人提交情况说明由分管领导签字后交广告监管部，同时《监察通报》予以通报，并给予相应处罚，所领空白广告安排单整本或套联丢失，加重处罚。

六、直、录播活动及服务类节目管理流程

（1）各部门在进行直、录播活动时，必须遵守台制定的价格。若低于台规定的价格必须报分管领导或台长审批。

（2）任何直、录播活动及服务性节目播出前都必须到广告监管部填写《广告刊播安排单》或节目上载单后方可安排播出。

七、广告日常监管

（1）广告监管部定期对播出（刊发）的所有节目（版面）进行审查，每月向台领导、财务室出具一期监审报告。

第八章 广告生产流程及标准

（2）每月月底广告监管部会同财务科对广告的收款情况进行一次核对。对应收款项欠收的责任部门下发催款通知单。

（3）广告违规问题由广告监管部进行统一调查、核实和上报，经台领导审批后进行通报和处理。

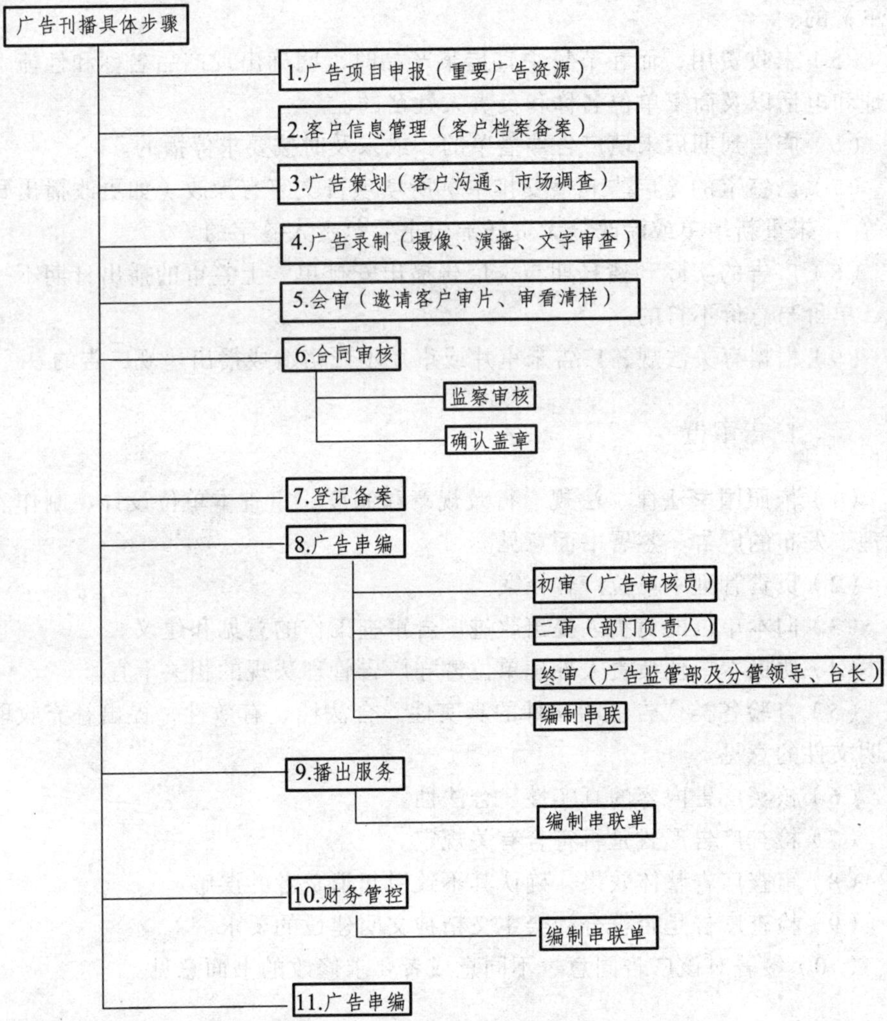

```
广告刊播具体步骤
    ├── 1.广告项目申报（重要广告资源）
    ├── 2.客户信息管理（客户档案备案）
    ├── 3.广告策划（客户沟通、市场调查）
    ├── 4.广告录制（摄像、演播、文字审查）
    ├── 5.会审（邀请客户审片、审看清样）
    ├── 6.合同审核
    │       ├── 监察审核
    │       └── 确认盖章
    ├── 7.登记备案
    ├── 8.广告串编
    │       ├── 初审（广告审核员）
    │       ├── 二审（部门负责人）
    │       ├── 终审（广告监管部及分管领导、台长）
    │       └── 编制串联
    ├── 9.播出服务
    │       └── 编制串联单
    ├── 10.财务管控
    │       └── 编制串联单
    └── 11.广告串编
```

第二节 广告强制性规范

一、常见广告违规行为

（1）常规广告未填《广告刊播安排单》的；免费、赠送广告未填《广告刊播安排单》的；广告合同迟迟不上交的。

（2）承接的广告或收费性节目或直、录播活动低于我台制定的底价的。

（3）广告错播、漏播、多播的，擅自变更广告刊播时长、时段和版面的。

（4）收费性宣传节目、栏目赞助及直、录播活动播出未填《广告刊播安排单》的。

（5）未收费用，而在节目中宣传某产品时，明确出现产品名称和性能、地址和电话以及商家单位名称和负责人姓名的。

（6）广告到期后未填广告停播单的，或未及时按要求停播的。

（7）已签审的《广告刊播安排单》所填项目文字有涂改（如更改播出日期等），未重新填单或涂改处无责任部门主要负责人签字的。

（8）广告的实际刊播日期与《广告播出安排单》上签审的播出日期不一致、单价与总价不符的。

（9）根据有关法规，广告未审片或审片不严格造成播出违规广告的。

二、广告审查

（1）依照国家法律、法规、行政规章和制度，审查本单位设计、制作、代理、发布的广告、签署书面意见。

（2）负责管理本单位广告档案。

（3）向本单位的负责人提出改进广告审查工作的意见和建议。

（4）协助本单位负责人处理单位遵守广告管理法规的相关事宜。

（5）查验各类广告证明文件的真实性、合法性、有效性，提出补充收取证明文件的意见。

（6）核实广告内容的真实性、合法性。

（7）检查广告形式是否符合有关规定。

（8）审查广告整体效果，确认其不致引起消费者的误解。

（9）检查广告是否符合社会主义精神文明建设的要求。

（10）签署对该广告同意、不同意或者要求修改的书面意见。

三、违规广告处罚

（1）对广告违规的处罚，原则上按实际违规发生额同等数额进行经济处罚。

（2）对未按本办法执行的当事人给予 200～500 元的经济处罚。

（3）通过弄虚作假，对已收广告款进行挪用、贪污的，开除公职并交由司法机关处理。

（4）违规广告除对直接责任人进行追究外，还视情况追究其所在部门负责人的责任。

四、广告登记及档案管理制度

（1）按照《广告法》之规定，承接广告业务要收取以下广告证明文件以备存查：

① 营业执照以及其他生产、经营资格的证明文件。

② 质量检验机构对广告中有关商品质量内容出具的证明文件。

③ 确认广告内容真实性的其他证明文件。

④ 药品、食品、保健品、化妆品、医疗机器、医疗服务广告必须有卫生、药监及工商部门审批证明文件。

⑤ 种子、农药、兽药必须有农牧部门的审批证明文件。

⑥ 招生、考试、办班必须有教育部门的审批证明文件。

⑦ 人才、劳动招聘必须有人事劳动部门的审批证明文件。

⑧ 保健品、化妆品等须有餐保化局的审批证明文件。

（2）广告审查员必须对所刊发的广告按规定进行详细的登记，要求字迹清晰、无涂改。

（3）对相关广告文件及资料必须按类别进行存档管理。

第三节 广告经营管理规范

一、广告欠款征收要求

（1）按约定付款日起一个月内未收款的为"催款期"，在此期间承接人必须采取切实措施，加紧催收欠款。

（2）按约定付款日起两个月内未收款的为"预警期"，在此期间由广告监察部门向承接人及其所属部门发出预警通知，指出未收款风险及所承担的经济责任。

（3）按约定付款日起三个月以上未收款的为"约谈期"，在此期间由部门负责人与承接人进行谈话。同时，部门负责人可以邀请分管领导与客户直接见面、沟通、了解欠款性质，督促客户付款。

（4）按约定付款日起三个月以上未进账的，从承接人工资中如数扣除以冲抵欠款。

（5）按约定付款日起半年以上未进账的，数额在20万以上的，对承接人作停职停薪处理，专职清收欠款，待欠款收回后恢复工作。

二、广告以物抵款规定

根据城市台宣传创收和财务管理有关规定及规律，所有广告费或宣传费必须以转账或现金方式结算，因特殊原因需用消费券或以实物方式进行结算的必须遵守以下规定：

（1）明确需求：所抵消费券或实物必须适用城市台实际需求，由办公室统一协调相关需求部门，确定数量、规格等具体要求。

（2）申报审批：所有以物抵款（包括栏目奖品）必须实行报告制，未经许可，一律不得承诺以物抵款事项。一万元以内的以物抵款报分管广告的领导审批同意，一万元以上的以物抵款报局（台）长审批同意后方可执行。申报同意后，经办人才能与客户单位签订合同。

（3）登记入库：以物抵款的消费券或实物（包括栏目奖品）必须完善财务手续，先入库后领取，对不按规定办理入库手续的，按抵物金额的同等额度处罚经办人。领取的栏目奖品发放后要将发放清单交财务室备案。

（4）任务核算：经办人凭广告（宣传）合同、入库单报分管广告的领导和局（台）长核算创收额度，具体标准为：所有以物抵款根据实际情况按50%计任务，不计提成。

第四节　电视广告创收管理

一、电视广告创收的指导思想

全面贯彻城市台改革发展战略，遵循"转型、融合、再造"原则，树立全员创收意识，激发创收活力，充分调动创收热情。城市台广告创收采取"分散经营、统一管理"模式，优化资源配置，规范经营行为，强化大局意识，倡导互助共赢，鼓励各部门深度挖掘市场，盘活存量，开发增量，力争广告创收逆势突围，有效做大、做强、做活全媒体。

二、广告经营原则

（1）各部门必须立足各自的载体或平台，充分发挥各媒体资源优势做好广告客户的服务与业务开发。

（2）各创收部门必须科学合理地制定本频率、频道的广告价格表，并报广告监管部备案。

（3）严格执行广告价格，任何部门与个人在广告经营过程中不得随意降低广告执行标准，更不得互相压低价格，特殊情况必须报台长批准执行。

（4）所有广告及服务性宣传的刊播必须遵守《荆门电视台广告执行流程及监管办法》的管理规定。

（5）广告开发原则上按各媒体的经营范围进行，主营媒体将合作项目洽谈完成并执行后，其他媒体方可介入洽谈增值业务。

各媒体广告洽谈实行限时制（一个月），在规定时间内未落实的，可向其他部门放开。

同一广告项目若出现多人或多部门联系的情况，应本着做强做大方案最优的原则和价格就高不就低的原则。

（6）大型项目或涉及跨媒体的广告项目洽谈，须提前向广告监管部申报方案，批准后方可联系洽谈，有异议的报台长审批。

（7）每月月底召开一次创收例会，会上各媒体要对当月广告创收情况进行小结，并以书面的形式提交下月创收计划和业务开发清单，同时协商解决有关交叉业务事项。

（8）跨媒体洽谈广告必须对各刊播媒体的广告价格进行明确，其广告收入划归所刊播媒体，创收提成（按各部门业务员提成标准）奖励给联系人。

（9）市外广告业务及字幕飞播广告全面放开。字幕飞播广告的播出安排由新闻频道专人负责，且播出前（含台安排的公益飞播）均要按规定填写播出单。

（10）广告款项一律以转账或现金方式支付，任何人不得擅自承诺以物抵款。

（11）严格遵守《中华人民共和国广告法》，凡刊播违规广告，被行政主管部门查处的，由部门承担相应的行政和经济处罚。

（12）对不执行相关规定的，台将视情况严重程度给予 200～1000 元的经济处罚。

三、城市电视台各频道创收范围划分——以荆门广播电视台为例

各部门创收范围的划分原则上维持上年各频道已经执行的经营范围，原广告经营中心的客户划归新闻频道经营，原鄂中经视的客户划归睛彩荆门经营。

（1）新闻中心：宣传服务性创收以及台特定的宣传活动的创收为主。

（2）新闻频道：市外广告的联系与洽谈；市内各大型商场、通讯商、医疗机构、房地产商、金融系统的广告联系与洽谈；EPG广告业务的联系与洽谈。

（3）公共频道：涉农部门及企业。

（4）教育频道：教育、旅游行业、卫计委系统。

（5）睛彩荆门：围绕《天使来了》及创新、创业进行创收，联系双创局、科技局、人社局。

市直部办委局由各部门另行申报，进行划分。

第五节　广播广告经营管理

广播中心广告在广告管理上部分行业实行专营，严格执行广告申报制度，整合广播、周刊广告资源，优化品牌结构，加快产业发展步伐，实现广播广告与产业发展齐头并进的新格局。为进一步指导、规范全年创收工作，确保目标任务的完成，不断推进广播广告经营科学、健康、持续的发展。特制定本规定。

一、广告管理

广告监管科依照《中华人民共和国广告法》《广播电视管理条例》和国家广电总局《广播电视广告播出管理办法》(61号令)等相关法律法规和广告价格表对广告经营工作统一管理。

（1）广告洽谈人员应认真学习《中华人民共和国广告法》，熟知本台两套频率节目的内容及形式，本着对广告主和本台利益双重负责的责任，严格遵守广告法规，切实执行本台制定的广告价格，正确引导客户进行广告投放，热情为客户服务。

（2）新客户严格实行部门申报制。广告洽谈人员接触新客户时，应先到部门相关人员那里备案，统一报监管科。如已经有人备案，该人员不得再介入该客户。如尚未有人备案，该人员需申报备案后再与客户进行广告洽谈。

（3）备案内容应真实详尽，如备案信息有误，或者备案后回访人员两次回访客户，均反映该人员未联系客户或客户对服务不满意，该人员备案取消，并且永远不得再联系该客户。

二、广告签约

（1）广告签约原则上是谁的客户由谁续签，无论是广告还是活动，他人不得介入，如不能续签，其他人员在报部门领导报批后经批准方可介入该客户，没有报批擅自签署广告无效；执行标准：老客户当年合同到期后两个月内，必须签回，新客户在部门备案后一个月内，必须签回，若有特殊情况，一周内以书面形式汇报，否则，不做保护，其他人员可以介入洽谈。

（2）特约、冠名、赞助节目签约，应事先报台领导确认落实后，方可签约；否则做违规处理，所收广告费充公上交。

（3）两人或两人以上签订的广告合同，必须在合同中注明每人所占广告任务份额，一旦签批，上交台监管科，将严格按此执行。如有将广告任务转送他人的，一经发现，此合同广告任务充公上交。

（4）在业务谈判中，不允许业务员之间相互诋毁或用出让业务费用等不正当手段竞争客户，一经发现，广告任务及业务费用充公。

（5）品牌广告严禁选择不连续的日期播出。

（6）签署合同时应使用未盖章的空白合同，审核、签字后加盖公章方为有效；广告合同应注明播出时间、广告金额、回款时间。

（7）广告合同应真实有效，每份广告签订后，业务员对广告合同负有完全责任，广告合同在执行中造成电台信誉损失和经济损失的，除责任人赔偿全部经济损失外，将视情节轻重给予责任人批评、通报批评、经济处罚、直至除名等处分。

三、广告价格——以荆门广播台为例

（一）明确广告价格

签约前向客户出示广告价格表，一般情况下广告价格按刊例价的60%执行。（年前签订的广告合同除外）

（二）执行价格时应当考虑的情况

在与客户商讨广告价格时，下列情况可以酌情考虑：

（1）在本台投入广告3年以上的老客户，去年广告签约价格与今年实际执行价格相差20%以上的，可按增长20%签约；相差不到20%的，严格按今年执行价格签订新合同。

（2）热线专题在执行热线广告价格的情况下，开播时赠7天（每天2次）30秒预告广告。

（3）热线客户播出活动预告，可按 20 元/次·30 秒收取。

（4）奖品广告提供的奖品必须是实物或代金券，代金券消费必须等同现金。以物抵款的广告签署须提前先报台领导批准，然后签批。

（5）酒类、藏品等消费服务行业广告按照二档优惠 10%，三档优惠 15%，月投入 3 万以上可给予一定折扣，年投入 30 万以上打包，可享受一定比例优惠。

四、广告回款及任务计算

（1）广告实行先回款后播出制度，广告播出单上要有部门领导和监管科的签字方能安排播出。凡本地进款信誉较好的老客户和有实力的单位可先进部分款，外地客户必须先进款后播出。合同期满，收回全额广告费，如广告合同执行完一个季度仍不到款的，按广告金额的 100% 从签约人的工资及其他广告业务费中扣除。①该广告回款后可补发；②如该广告客户有不可抗拒的原因造成不能付款的，一周内写出说明，由分管台领导签字认可后在财务科备案，业务员可酌情减少赔偿。

（2）广告播出过程中，因故需停播的，签约人应及时报监管科填写停播单，通知相关部门停播。如因业务员没及时通知停播而造成的多播损失，由业务员负责。

（3）因特殊原因未能先付款的合同，经台领导签字同意后方可播出，对此类合同，监管部门有责任按月督促回款。

（4）物资变现需报分管台领导，按批准折扣出售，所卖现金和发票存根及时上缴台财务后可计算任务。

五、广告播音、审批、制作（含活动）

（1）业务员应先将广告合同、广告文案交部门负责人审批，然后办理播出通知单，交分管领导签审，最后由综合办公室专人负责上单安排播出。

（2）广告播音、制作由两频率播音员、主持人录制，广告经营部采取集中申报，由频率安排专人统一协调、安排，确保广告按时播出；录制费用由频率绩效核定拨发。

（3）广告备案由部门相关人员负责登记，登记内容应包括广告单位名称、播出时间、广告价位、收款进度等。

（4）中心所有经营性活动申报流程采取申报制，责任部门做好详细的活动方案及成本预算，报分管领导审批后方可执行。活动炒作片报中心领导审批后，频率、周刊负责落实。

六、广告播出

（1）安排广告播出时，按照时段内先来后到、大客户优先的秩序，任何人不得以任何形式，任何借口擅自编排，特殊情况时需报分管台领导协调处理。

（2）为保证广告正常播出，对漏播、错播、擅自加播广告的处罚如下：

① 应及时播出的广告未按时播出，应换版的广告未及时换版，有过时语言的广告未及时更换。签约人未通知监管科的由签约人负责，下通知后未改正的由制作人员负责。主持人漏播、错播或连续3天播出有过时语言的广告主持人同等追责，责任人一次扣罚200元至800元。

② 因主持人原因漏播广告节目，扣罚半月绩效工资（漏播节目责任另行处理），因主持人原因推迟或提前结束广告专题，每次扣罚100~300元，主持人在广告节目中出现重大失误，造成客户拒付广告费的，每次扣罚500~1000元。

③ 不按合同规定时间播出或漏播广告造成重大影响的（客户拒付广告费或撤销广告合同），播出台该广告不算广告承播量。对因掉漏广告造成客户拒付广告费的责任人，由责任人承担赔偿责任。

④ 在节目中私自插播、多播广告或信息，每次扣罚责任人200元。

⑤ 私自请嘉宾到直播间作带广告性质的访谈节目，每次扣罚责任人500元。

七、广告业务费用

（1）中心指定需要的固定资产、物资按全额计算任务及提成；其他实物冲抵广告费的联系人根据台里统一标准执行。

（2）广告签约价格达不到规定标准的，在规定业务费用提取比例的基础上下调3个百分点。

（3）活动开支在30%以内的，按照全额标准核算任务计提成，超过30%以上的报中心领导审定。

【 拓展阅读 】

资料一　城市广播电视台广播频率常规广告刊例价格参考表
（以2016年荆门广播电视台为例）

广告价格（单位：元）

时段	广告时间	频率	10秒	15秒	20秒	25秒	30秒	45秒	专题分钟	冠名月	联办、特约等栏目合作
A时段	07:30—09:00 11:00—12:00 14:00—15:00 17:00—18:00	荆门之声	45	55	65	80	110	130	165	16 500	11 000
A时段		交通音乐	50	60	70	90	120	145	180	18 000	12 000
B时段	07:00—07:30 09:00—10:00 12:00—13:00 15:00—16:00 16:00—17:00	荆门之声	30	40	50	60	80	100	130	13 000	9000
B时段	18:00—19:00 19:00—20:00	交通音乐	35	45	60	70	95	120	150	15 000	10 000
C时段	06:00—07:00 10:00—11:00 20:00—21:00 21:00—22:00	荆门之声	25	35	45	50	70	90	120	11 000	8000
C时段		交通音乐	30	40	50	60	85	110	140	13 000	9000
C时段	05:30—06:00 13:00—14:00 22:00—23:00 23:00—01:00	荆门之声	20	30	40	45	60	80	100	9000	7000
C时段		交通音乐	25	35	50	55	70	95	120	10 000	8000

资料二　城市广播电视台电视新闻频道广告刊例价格参考表
（以 2016 年荆门广播电视台新闻频道为例）

表 1　白天节目广告及刊例（2015.12.21 启用）

单位：元

时间	栏目名称	时长	备注	15 秒/次	30 秒/次	1 分/次	5 分/次
6:30	呼台＋频道形象片＋公益广告＋导视 1	5'					
6:35	购买节目《养生堂》	20'	首播				
6:55	专题栏目（一）	15'		1800	3600	100	400
7:10	公益广告＋电视剧炒作片＋即时导视 1	5'					
7:15	专题栏目（二）	15'		2000	3800	100	400
7:30	广告 1	5'		2000	3800	100	400
7:35	教育频道《乐在荆门》	30'	重播				
8:05	专题栏目（三）	15		2200	4000	100	400
8:20	广告 2＋公益广告＋电视剧炒作片＋即时导视 2	10'		2200	4000	100	400
8:30	《荆门新闻联播》	20'	重播				
8:50	公益广告＋电视剧炒作片＋频道形象片＋导视 2	5'					
9:00	周一、三、五直播，周二、四、六重播，周日无《新闻频率》《政风行风热线》	40'					
9:40	公益广告＋电视剧炒作片＋各频道活动宣传片	5'					
9:45	（周一至周六重播昨日，周日无）公共频道《农名上行》	40'		睛彩频道 10 天一期 80 分钟《天使来了》周日播。其他周日播《市民议事》、《人文中国》、专题片展播，微电影等			

续表

时间	栏目名称	时长	备注	15 秒/次	30 秒/次	1 分/次	5 分/次
10:25	预告/公益广告+电视剧炒作片+各频道活动宣传片	5'					500
10:30	专题栏目（四）+即时导视 3	15'		2600	4600	120	
10:45	《直播荆门》	58'	重播				
11:43	公益广告+电视剧炒作片+各频道活动宣传片	7'					
11:50	购买节目《养生堂》	20'	重播				
12:10	呼台+频道形象片+导视 3	5					
12:15	广告 3+即时导视 4	5'		3000	5200	120	500
12:20	《荆门新闻联播》	20'	重播				
12:40	专题栏目（五）	10'		3000	5200	120	500
12:50	《直播荆门》服务类版块《生活+》	15	重播				
13:05	广告 4+即时导视 5	5'		2800	5000	120	500
13:10	公益广告+电视剧炒作片+各频道活动宣传片	5'					
13:15	白天电视剧（一）	45'					
14:00	专题栏目（六）+公益广告 1'	15'		2600	4800	100	400
14:15	公益广告+电视剧炒作片+各频道活动宣传片+即时导视 6	5'					
14:20	白天电视剧（二）	45'					
15:05	专题栏目（七）+公益广告 1'	15'		2600	4800	100	400
15:20	公益广告+电视剧炒作片+各频道活动宣传片+即时导视 7	5'					
15:25	白天电视剧（三）	45'					

续表

时间	栏目名称	时长	备注	15秒/次	30秒/次	1分/次	5分/次
16:10	专题栏目（八）+公益广告1'+即时导视8	10'		2600	4800	100	400
16:20	白天电视剧（四）	45'					
17:05	广告5+即时导视9	5'		2800	5000	120	500
17:10	奥飞动漫剧场（动画片）	25'	首播				
17:35	呼合+频道形象片+公益广告+即时导视10	5'					
17:40	专题栏目（九）	15'		2800	5000	120	500
17:55	呼合+频道形象片+公益广告	5					
18:00	白天节目结束						

表2　晚间节目及广告刊例（2016年度）

单位：元

时间	栏目名称	时长	备注	5秒/次	10秒/次	15秒/次	30秒/次
18:00	呼合+呼号+《直播荆门》	58'	首播（切广告5档/2'）	3000	4600	7600	12800
18:58	即时预告1+广告1	2'		2400	3800	6000	10800
19:00	转CCTV-1新闻联播	30'	转播				
19:30	预告/公益广告1'+广告2	2'		2600	4200	6200	11000
19:32	《荆门新闻联播》	20'	首播（片尾前切广告2'）	3200	5400	8200	14800
19:52	即时预告2/主持人推介+公益广告1'+广告3	3'		3000	4600	7600	12800
19:55	荆门天气预报3'+导视4/预告1+广告4	5'		3000	4600	7600	12800

续表

时间	栏目名称	时长	备注	5秒/次	10秒/次	15秒/次	30秒/次
20:00	800剧场（一）	42'	切片尾				
20:42	即时预告3+公益广告2'+宣传片1'+广告5（7'）	10'		2800	4200	6800	11800
20:52	800剧场（二）	41'	切片头片尾				
21:33	即时预告4+公益广告2'+宣传片1'+广告6（7'）	10'		2600	4000	6400	11200
21:43	800剧场（三）	45'					
22:28	广告7+公益广告2'+导视片1'+预告5宣传	5'		2400	3800	6000	10600
22:43	《荆门新闻联播》	20'	重播当日				
23:03	即时预告5/主持人推介+公益广告8	5'		2200	3600	4800	7800
23:08	购买节目《人文中国》	26'	一周播一次《市民议事》或专题片、微电影展播				
23:34	即时预告6+公益广告1'+广告9	6'		2000	3200	4600	7200
23:40	《直播荆门》	58'	重播当日				
24:38	即时预告7+公益广告1'+广告10	7'		1800	2800	3800	6600
24:45	购买节目《人文中国》	26	重播当日				
25:11	全天节目结束						

资料三　城市广播电视台平面媒体广告刊例价格参考表
（以2016年荆门周刊为例）

表4　广告套餐及收费标准

版位	规格	版色	收费标准
内页	整版	彩页	6000元/期
内页	1/2版	彩页	3000元/期
内页	1/4版	彩页	2000元/期
内页	1/8版	彩页	1000元/期
内页	专栏	彩页	2000元/期

备注：以上价格是《荆门周刊》按不同版面规格设计的，合作单位如有其他要求可另行协商，可根据合作单位实际要求策划宣传方案。

资料四　城市广播电视台新媒体广告刊例价格参考表
（以2016年度荆门广播电视台新媒体中心为例）

一、官方微信

1. 品牌广告，在文章的最后面，附上一张图和一条链接。收费：

头条：1万元/月，限一季度一签。

其他单条：0.5万~0.8万元/月。

折扣：8折。

2. 植入广告，在推送的富媒体内容上，植入广告内容，比如在文章、图片中提到某些品牌的名字、广告词等。收费：

头条：1万元/月，限一季度一签。

其他单条：0.5万~0.8万元/月。

最低折扣：8折。

3. 软文，由客户提供基本内容，网络编辑进行修改精编后发布。收费：

头条：0.5万~1万元/篇。

第二、三、四条：0.3万~0.5万元/篇。

最低折扣：8折。

4. 投票，根据后台开发的工作量。收费：

按活动项目周期阶梯收费，

投票周期1~3天：0.3万元；

投票周期3~7天：0.6万元；

投票周期7~15天：1.2万元；

投票周期20天：1.6万元；

投票周期30天：2.2万元；

超过30天费用另行商议确定。

5. 砸金蛋互动，商家提供奖品，官微运维团队负责后台实施。收费：按活动延续周期阶梯计费，0.5万~1万元不等。

6. 转奖互动，商家提供奖品，官微运维团队负责后台实施。收费：大转盘同样按活动延续周期阶梯计费，0.5万~1万元不等。

7. 微信墙，大屏幕互动实施。收费：0.5万元/场。

8. DIY活动策划，收费：另行商议。

小型活动，限一场1万~2万元，大型系列活动六场以上，冠名10万起谈。

二、荆门视窗、荆门摇摇乐客户端服务项目价格清单

1. 封页

APP点入后看到的第一个全屏广告，收费3万元/月。限一季度一签。

2. 软文

收费：0.3万~0.5万元/篇，最低折扣：8折。

3. 植入广告

在推送的富媒体内容上，植入广告内容，比如在文章、图片中提到某些品牌的名字、广告词等。

收费头条：1万元/月。其他单条：0.5万~0.8万元/月。最低折扣：8折。

4. 投票

根据后台开发的工作量。

收费：按活动项目周期阶梯收费，

投票周期1~3天：0.3万元；

投票周期3~7天：0.6万元；

投票周期7~15天：1.2万元；

投票周期20天：1.6万元；

投票周期30天：2.2万元；

超过30天费用另行商议确定。

5. 摇摇乐奖品互动

收费：大转盘同样按活动延续周期阶梯计费，0.5万~1万元不等。

三、荆门广播电视台官方微博

该项目暂时尚无开发

1. 软文（附图）收费标准：300元/篇。
2. 未列出的其他项目另行商议。

资料五：《中华人民共和国广告法》

第九章 突发事件应急预案

为适应信息社会发展的新形势,规范突发公共事件和社会热点事件的新闻报道工作,提高台应急反应的能力,特制定本预案。

第一节 应急预案的适用范围及组织机构建立

一、适用范围

（一）突发公共事件

本预案所称突发公共事件,是指突然发生,造成或者可能造成严重社会危害,需要采取应急处置措施予以应对的自然灾害、事故灾害、公共卫生事件和社会安全事件等。

自然灾害——主要包括水旱灾害、气象灾害、地震灾害、地质灾害、海洋灾害、生物灾害和森林草原火灾等。

事故灾难——主要包括工矿商贸等企业的各类安全事故、交通运输事故、公共设施和设备事故、环境污染和生态破坏事件等。

公共卫生事件——主要包括传染病疫情、群体性不明原因疾病、食品安全和职业危害、动物疫情以及其他严重影响公众健康和生命安全的事件。

社会安全事件——主要包括恐怖袭击事件、经济安全事件、涉外突发事件,以及可能造成破坏、影响和威胁广播电视安全播出甚至影响经济社会稳定和政治安定局面的紧急事件。

（二）社会热点事件

本预案所称社会热点事件,是指公众密切关注的有巨大社会反响的事件,包括正面事件、负面事件或中性事件。

二、组织机构

城市台均应成立应对突发公共事件新闻宣传领导小组。台长任组长,分管宣传的副台长和编委会副主任担任副组长,各广播电视频道总监、新媒体的主要负责人担任小组成员。各广播电视频道总监、新媒体也要成立应对突发公共事件新闻宣传工作小组,负责突发公共事件新闻宣传的具体执行。

应对突发公共事件新闻宣传领导小组成员按照本台的部署,及时落实上级有关部门关于防范工作的一系列文件精神、部署和要求,迅速传达落实到部门、岗位和人员,按照"谁主管,谁负责;谁负责,谁落实;谁出问题追究谁"的原则,不留死角,责任到人。

第二节 突发事件的报道原则

一、坚持依法报道,严把报道口径

突发公共事件的报道,必须严格遵守《中华人民共和国突发事件应对法》《中华人民共和国政府信息公开条例》《国家突发公共事件总体应急预案》《国家突发公共事件新闻发布应急预案》、国务院办公厅《突发公共事件新闻报道应急办法》和《湖北省突发公共事件总体应急预案》《省人民政府办公厅关于改进和加强省内突发事件新闻发布工作的实施意见》《湖北省突发公共事件新闻发布应急预案》等有关法律法规和文件。

重大社会热点事件的报道口径必须遵从国家广电总局和省委宣传部等相关党政新闻管理部门的指示和规定。

二、坚持正确导向,做到引导有力

突发公共事件和社会热点事件的报道是新闻宣传工作的重要组成部分,要有利于党和国家工作的大局,有利于维护国家形象,有利于社会稳定和事件的妥善处置。要加强新闻评论的力量,充分利用专家资源,及时做好舆论引导工作。

三、坚持迅速反应,加强新闻敏感性

对于突发公共事件和社会热点事件,要快速反应,要及时准确地发出自己权威的声音,不"失语"、不"缺位"。

四、坚持统筹协调,明确工作责任

对于重大公共事件,台各频道要把应急信息发布和新闻报道工作纳入突发公共事件处置总体部署,坚持事件处置与新闻报道工作同步安排、同步推

进，积极主动做好信息发布。

第三节 应急预案的实施

一、参与应急工作人员的职责

城市广播电视台应对突发公共事件新闻宣传领导小组负责传达中央、省委省政府和省委宣传部有关工作部署，制定新闻报道总体方案并组织相关广播电视频道协同报道。根据事件处置进展和社会关注热点，及时调整报道内容；收集上报舆情，提供决策参考。

频道（新闻中心）、网台设置的新闻应急反应工作小组，负责组织新闻的遴选、策划、协调、调动栏目资源完成报道的采访实施；负责收集和确定选题，策划设计每一条报道、每一个节目的主题立意、报道角度、报道形式和叙述手段；指导、协助记者、编导进行采访报道的实施。

二、应急预案的组织实施

（一）值班机制

一旦突发特大、重大公共事件和社会热点事件，台应对突发公共事件新闻宣传领导小组、频道应对突发公共事件新闻宣传领导小组、节目组新闻应急反应小组等三级反应组，都实行24小时值班制度，分别设值班员、联络负责人，确保信息传递的及时、畅通。

（二）迅速反应机制

一旦发生特大、重大突发事件和社会热点事件，应急反应领导小组迅速启动，形成调度有序、反馈及时、协同作战的新闻快速反应机制。

（三）审查把关机制

为使新闻应急反应更加迅速，除上级有明确要求外，一般由各频道（含新闻中心、网台）本着"快报事件，慎报原因"的原则，自行组织对突发公共事件和社会热点事件的报道；并本着"谁签字谁负责"的原则，由频道自行审稿。对拿不准的报道，可请示由台新闻应急反应领导小组审稿。

（四）责任追究机制

按照有关法律法规和文件要求，及时准确、客观全面地发布突发公共事件的权威信息。对人为造成的迟报、错报、瞒报有关重要信息，严重影响事件处置、损害国家形象的，要依照法律法规、党纪政纪追究有关人员责任。

对于人为造成的重要社会热点事件的漏报，对相关频道（新闻中心、网台）、栏目的负责人要进行批评和处罚。

三、应急保障

（一）应急物资保障

突遇重大的公共事件和社会热点事件，台相关管理部门、频道（中心）、网台要切实做好应急物资保障工作，确保采访设备、交通工具及通讯设备的及时到位和安全正常使用，以确保采访报道顺利实施。要配备能够适应复杂条件、性能精良、移动性好、便于携带的先进技术装备，确保在应急条件下采集、传输、播发渠道畅通。

（二）应急专家队伍

各相关频道（中心、网台）要建立由熟悉相关法律法规政策、具有扎实专业技术知识的应急专家构成的权威专家库。一旦发生突发公共事件和重要热点事件时，及时邀请相关专家接受媒体采访，解释相关背景、政策，介绍专业知识，回应社会关注，有针对性地做好舆论引导工作。

第四节 节目安全播出事故应急预案

一、节目安全播出事故界定

（一）节目安全播出事故的概念

所谓节目安全播出事故，指的是广播电视节目在播出的过程中，由于各种不可控因素的影响，导致广播电视节目在播出过程中不能够按照预期进行有序播出，从而为广播电视台节目播出带来不利影响甚至损失的现象。

（二）节目安全播出事故的等级划分

广播电视节目安全播出事故一般分为特别重大、重大、较大三个等级分类。在三类不同的播出事故中，虽然原因各有不同，但我们应该对三类事故的发生加以重视，从而促使工作人员在广播电视台安全播出事故发生时能够有条不紊地应对，从而提升广播电视台节目播出效果。

特别重大级安全播出事故为非人为因素造成的广播电视节目播出事故。比如当广播电视台卫星信号源遭到敌对信号攻击或者不明原因的电视台播出信号状态异常时导致的广播电视台播出事故。或者是当广播电视台在不良信号干扰下出现敌对信号的插播等，这些都是属于特别重大级别广播电视节目安全播出事故。

重大级安全播出事故，往往指由于天气原因导致的广播电视台播出信号受到影响，致使广播电视台节目播出受到干扰的情况。

较大级安全播出事故指的是在进行广播电视台日常播出过程中由于事先对广播电视节目播出信号的数据测试偏差，或者是在进行广播电视台节目播出信号检修过程中发现问题没有及时解决，从而导致广播电视节目正常播出存在隐患的情况。这类安全事故往往是对广播电视节目安全播出没有造成不利的影响，但与此同时存在一定的安全隐患。

二、广播电视节目安全播出事故的处置办法

对于广播电视台的发展来说，安全优质播出是广播电视的生命。因此在广播电视节目播出的过程中，无论是广播电视台的编导人员还是导播、广播电视节目主持人以及最后一道关口的值机人员，都应该充分重视广播电视。为了保证广播电视节目安全播出，直播和日常播出过程中出现的重大安全事件（事故），必须采取紧急应对策略和措施，立即启动事故应急预案，并应遵循及时准确、果断有序、安全有效的原则。处置城市广播电视台直播（播出）安全事件（事故）反应预案如下：

（1）高度重视：台里要成立以台长，分管宣传、技术的副台长，总工程师，相关部门的负责人组成安全播出领导小组，负责出现安全事件（事故）时统一调度指挥，并组织制订有关预案。

（2）充分准备：无论是直播还是日常播出，都要充分考虑安全播出，制订相关预案，准备备播节目源，备足相关物料，做好技术准备和平时演练。

（3）果断处置：对于出现安全事件（事故），要在第一时间切换到安全节目源上，并尽快查找原因，恢复正常信号。若是信息安全事件，无法切换到安全节目源上，则应采取断电等措施，防止有害信息持续传播。在进行处置的同时，要及时向部门主任和台领导报告。相关领导应在第一时间进行处置，视情况向省局进行报告。（具体处置程序及办法按《安全播出紧急预案》和《直播流程及规范》执行）

（4）保留证据：若是人为的安全播出事件，现场负责人要注意保留录像、相关设备等证据，并做好相关记录。

（5）迅速善后：在事件（事故）处置结束后，要及时总结经验教训，查找原因，举一反三，消除隐患，并对相关责任人进行奖励或责任追究。

第九章 突发事件应急预案 169

【拓展阅读】

资料一：广播电视安全播出管理规定

资料二：《〈广播电视安全播出管理规定〉安全播出事件事故管理实施细则（暂行）》

第十章　广播电视职业资格标准

城市广播电视台作为城市的主流媒体，作为我国新闻传播事业的重要组成部分，必须严格实行职业资格管理。进入城市广播电视台工作的人员，应该按照国家相关规定进行执业注册，广播电视编辑记者、播音员应该持证上岗。

第一节　城市广播电视台记者上岗流程及标准

一、广播电视台记者的基本条件

（一）具有中华人民共和国国籍；身体健康、遵纪守法、品行端正；具有履行岗位职责相适应的专知识和业务能力。

（二）新闻传播类、文学类等专业应、往届本科及以上毕业生，28周岁以下，具有扎实的文字功底，较强的新闻策划和写作能力，思维敏捷，新闻敏感性强。

二、播音主持人员上岗流程

根据国家相关制度和各地专业技术人员管理要求，广播电视台记者一般对社会公开招聘。具体流程如下：
（1）广播电视台确定招聘进人计划，并拿出招聘方案。
（2）报经城市人力资源局批准。
（3）通过广播、电视、网站、市人才网等媒体面向社会发布招考公告。
（4）接收应聘材料，审核相关条件。
（5）公开招聘考试。
（6）发布录用公告，进行公示。
（7）录用。

三、招聘考试流程

（一）流程

城市广播电视台首先会对应聘者的简历进行审核，以电话的形式通知应聘者来台考试，考试分笔试和面试，最后根据应聘人员的总成绩，确定试用人员。

（二）考试内容即要求

（1）笔试：公共知识和专业知识（时间另行通知）。硕士研究生及以上学历的免笔试，直接进入面试，其笔试成绩按所报职位考生笔试最高成绩计算。

（2）面试：采取自我介绍、现场提问等形式，测试报考者的业务素质、口头表达能力以及形象气质。（时间另行通知）

（3）笔试和面试成绩实行百分制，各占总成绩的 50%。根据笔试和面试成绩之和从高分到低分按招聘人数 1∶2 的比例确定进入体检和考核的人选，并报上级主管部门。

四、试用及聘用流程

（一）试用

根据考生综合成绩、考核、体检情况集体研究确定拟聘人选，经主管部门审定后，上报市人事主管部门备案，并向社会予以公示（公示期不少于 7 个工作日）。公示无异议的，方能聘用。新招聘的广播电视记者一般试用期为 3 个月。

（二）聘用流程及要求

聘用人员试用期满，经考核合格者签订正式聘用合同，享受本台正式聘用人员待遇。

第二节　播音主持人员的上岗流程及标准

一、播音主持人员上岗条件

（1）具有中华人民共和国国籍，享有公民的政治权利。

（2）拥护中国共产党，热爱社会主义，热爱电视宣传工作。

（3）遵纪守法，品行端正，具有为人民服务的精神。

（4）具有本科以上学历，取得普通话一级乙等及以上证书。

（5）男性年龄 25 周岁以下，身高 1.75 米以上；女性 23 周岁以下，身高 1.65 米以上。普通话标准，形象气质佳。

二、播音主持人员上岗流程

根据国家相关制度和各地专业技术人员管理要求，广播电视台播音主持人员一般对社会公开招聘。具体流程如下：

（1）广播电视台确定招聘进人计划，并拿出招聘方案。
（2）报经城市人力资源局批准。
（3）通过广播、电视、网站、市人才网等媒体面向社会发布招考公告。
（4）接收应聘材料，审核相关条件。
（5）公开招聘考试。
（6）发布录用公告，进行公示。
（7）录用。

三、招聘考试流程级要求

（一）考试的方式

一般采用面试、试镜和笔试三种形式。

（二）考试要求

（1）面试采取自我介绍、现场提问（题目要提前准备好）等形式，测试报考者的业务素质、口头表达能力以及形象气质。邀请市人事局、市广电局等部门的领导、专家及纪检监察人员、资深播音员（主持人）组成评委，进行面试评分，并确定参加试镜人选。

（2）试镜人员在播音室播报 1~2 条新闻或临场发挥主持一段节目。评委根据试镜人员的上镜效果、嗓音条件、普通话等进行打分，确定笔试人员。

（3）笔试内容包括公共基础知识与专业知识两部分。公共基础知识包括时事政治、中文、新闻等；专业基础知识指与报考专业一致的专业知识。由市电视台组织封闭命题、阅卷（试卷请专家出题），确定试用人员。

四、试用与聘用

试用期为三个月，试用期满后，由市广播电视台提出是否聘用的意见，经市广电局审批后办理有关聘用手续。试用不合格者，报请市广电局审批，取消聘用资格。

【 拓展阅读 】

资料一：《广播电视编辑记者、播音员主持人资格管理暂行规定》

资料二：《广播电视编辑记者、播音员主持人执业资格注册办法（试行）》

资料三：《2016年全国广播电视编辑记者、播音员主持人资格考试大纲》

附　录　荆门广播电视台全媒体规程案例

附录一：《荆门广播电视台近期重点报道方案》
（荆广编发〔2015〕7号 2015年4月9日）

为更好地服务市委市政府近期部署的严明政治纪律和政治规矩宣传教育活动、法治荆门建设和创建全国法治城市、工业经济、城建项目等几项重点工作，做到贴紧、贴准，荆门广播电视台拟策划开展以下宣传：

一、"严明政治纪律和政治规矩"宣传

1. 动态消息

4月1日起，在《荆门新闻联播》节目中对"四大家"机关、纪组宣统等部门，包括县市区传达学习全市严明政治纪律和政治规矩培训班、全面推进法治荆门建设专题研讨班暨创建全国法治城市动员大会精神的相关活动予以报道，采取集束式或组合式统筹发稿。

2. 系列评论

4月2日起，在《荆门新闻联播》节目中播发三篇系列评论：

A.《严明政治纪律和政治规矩极端重要——一论严明政治纪律和政治规矩》

B.《警惕和防止当前的突出问题——二论严明政治纪律和政治规矩》

C.《做严守政治纪律和政治规矩的表率——三论严明政治纪律和政治规矩》

3. 深度报道

挖掘各地各部门结合自身实际，落实别××书记讲话精神，围绕如何"守纪律、讲规矩"，在扎牢制度笼子、加强队伍建设等方面作出的成绩，总结好经验、好做法。

二、"法治荆门"宣传

1. 系列评论

4月5日起，《荆门新闻联播》节目中播发五篇系列评论：

A. 牢固树立法治思维——一论全面推进法治荆门建设

B. 自觉运用法治方式推动工作——二论全面推进法治荆门建设

C. 争做遵法学法守法用法表率——三论全面推进法治荆门建设

D. 创建全面法治城市是抓手——四论全面推进法治荆门建设

E. 常态化长效化推进——五论全面推进法治荆门建设

2. 政策解读

4月中旬开始,《荆门新闻联播》节目中开设《法治荆门建设·关键词》专栏,采取"文字解说+专家采访"的形式,对我市主要领导针对法治荆门建设所提出的观点,以及市委市政府配套出台的制度性文件,如《中共荆门市委关于全面推进依法治市创建全国法治城市的意见》中关于法治荆门建设和创建全国法治城市概念的表述,以关键词的形式进行解读,拟连续推出10篇左右报道,内容包括依法行政、依法执政、宪法法律、法治思维、法治方式、法治文化、司法公信力等。

3. 深度报道

4月下旬开始,《荆门新闻联播》节目中开设《法治荆门建设·进行时》专栏,对全面推进法治荆门建设的进程、依法治市的措施,以及荆门依法出台各项政策法规的缘起进行回顾报道和实时报道,充分挖掘荆门在依法治市和创建全国法治城市中的创新事例和标志性事件。报道参考内容有:大力推进依法行政、发挥地方国家权力机关作用、全面提高依法行政能力、提高司法公信力、培育公民法治信仰、建设法治工作队伍等,特别是我市在法治荆门建设中的一些创新之举,比如:强力推进行政首长出庭应诉;社区矫正;行政机关普遍建立法律顾问制度;完善司法便民措施打造"一小时法律服务圈";落实法律援助为民办实事;深入开展百千万矛盾纠纷排查调处,健全完善第三方调解机构等。

4. 案例宣传

在《直播荆门》常年开设《以案说法》专栏,采取案例报道+律师解读或观众提问+律师解答的形式进行法律知识宣传。每周一期,每期15分钟。

三、"锁定三个第一、做大经济底盘"宣传

1. 系列报道

主要围绕各地如何锁定"三个第一",即投资、产业、工业,做大经济底盘,来开展报道。分别推出产业篇、工业篇、投资篇。4月上旬起推出产业篇。

A. 产业篇:主要是围绕市委市政府刚刚确立的7大产业:即装备制造(通用航空)、新能源新材料、农产品加工、化工、电子信息、大健康产业(生物医药、体育服装、体育用品、健康地产、健康养老)来做文章,分别推出2—3篇报道。一是各地在如何打造?(重点选取有一定业态规模的园区或县市区来报道);二是从全市来讲,目前这7大产业是如何打造形成的?又有哪些具体推进措施（要求点面结合，有具体的企业作支撑）；3、各产业发展过程中还有哪些问题，业界人士又该如何去思考解决？其中1、2是新闻报道，3是新闻述评。

B. 工业篇：围绕各工业园区如何以项目为抓手，做好产业定位和产业链招商，服务园区企业，以及如何建立特色产业园区"五个一"机制（一个产业发展规划、一家产业投资公司、一支专业化招商队伍、一个公共服务平台、一只产业发展基金）进行报道。

C. 投资篇：主要是围绕各地如何强投资、扩投资、稳投资做文章，反映他们推出了哪些具体措施，又如何强力推进。特别是结合1-3月的经济数据，来反映各地在抓投资方面的成绩。计划推出报道8—10篇左右。

2. 新闻评论

主要针对各地抓机遇、扩投资、促转型、促增长，抓产业发展和招商引资方面的破局，表现各地坚持"三个第一"的贯彻落实，以新闻述评的形式引人思考。具体报道方式：画面+专家访谈，计划推出3—5篇。

四、"项目秘书"宣传

从5月上旬开始，在《荆门新闻联播》节目中开设《项目秘书工作日志》专栏，以纪实拍摄的手法展现对我市一些重点项目的服务秘书进行跟踪采访，重点反映他们帮忙企业办理一些急难手续、协调解决实际困难和问题。计划推出10篇以上报道。

《项目秘书宣传方案》第一批拟采访对象名单：

1. 中石化荆门分公司油品质量升级及适应性改造工程 项目秘书：张××
2. 中南通用航空产业基地 项目秘书：傅×
3. 格林美废旧拆解和回收处理中心及电池材料扩建 项目秘书：黄×
4. 华工科技荆门光电信息产业园 项目秘书：邬××
5. 凯利秸秆板材生产项目 项目秘书：曹××
6. 科阳年产30000台（套）空气源热泵项目 项目秘书：陈××
7. 湖北福登新型环保高端机织地毯项目 项目秘书：罗××
8. 广恒高压细水雾系统及水压元器件项目 项目秘书：栗××
9. 梦阳药业生白口服液等药品生产项目 项目秘书：陈××
10. 君尚科技医药中间体项目 项目秘书：赵××

五、"中心城区重点城建项目"宣传

1. 项目建设进展情况及相关背景报道

在《荆门新闻联播》节目中开设《记者带你看城建重点项目》，以记者边走边看的形式带观众去了解今年市政府重点打造的20个重点城建项目。报道主要反映项目背景及建设进展情况、项目建设者如何为项目建设、项目建设中采取的一些新工艺、新技术、项目建成后能为城市和市民生活带来哪些好处。

重点报道选题：（1）漳河大道；（2）三环八射六隧；（3）城区微循环；（4）竹皮河治污工程；（5）凤凰湿地公园等。

2. 舆论监督报道

在《荆门新闻联播》节目中对项目建设过程中遇到的一些"肠梗阻"现象进行报道，从而引起社会关注，达到助推建设的目的。

六、"中国农谷'三区三中心'"宣传

1. 动态性报道

从5月份开始在《荆门新闻联播》节目中对"三区三中心"建设情况（个案）及总体情况进行报道（包括三个中心形成的产业链情况）。

2. 新闻评论

以新闻述评形式，就我市主要领导对屈家岭"三区三中心"的全新定位进行深度剖析，挖掘"三区三中心"定位的现实条件、努力方向和发展目标，展望新定位的新前景。

七、"大众创业、万众创新"宣传

常年在《荆门新闻联播》节目中开设"大众创业 万众创新"专栏，重点对以下几个方面的内容进行宣传：

1. 草根创业典型；

2. 成功人士创业、企业创新典型；

3. 市委市政府及各部门推出的支持大众创业创新政策的解读；

4. 根据市委对"大众创业 万众创新"的指导意见，适时推出系列评论。

八、"行进荆门·精彩故事"宣传

以记者进社区、进农村的形式，以走基层的报道手法，在全市范围内寻找感人的人物和感人的事迹进行报道，弘扬社会主义核心价值观，这个报道将贯穿全年。

九、"五城同创 全市共为"宣传（暂定名）

以荆门市创建国家生态市、环保模范城市、卫生城市和森林城市、省级法治城市为抓手，做好相关宣传。

附录二：荆门广播电视台《记者走基层·生态荆门行》报道方案
（2016年4月20日）

荆门作为全省重要的化工产业城，近年来，主动转变经济发展方式，确立了生态立市的战略定位，积极探索绿色发展的新路径，着力将生态优势转化为产业优势、发展优势，为全省作出了示范。为宣传我市在深入实施生态文明建设、生态产业培育、节能减排、美丽乡村、循环经济示范等方面的做法和取得的成绩，荆门广播电视台将组织全媒体记者集中开展《记者走基层·生态荆门行》主题宣传报道。上半年报道主要围绕大气污染防治、水污染防治、农村环境综合整治、生态产业发展等方面开展，具体报道选题如下：

（一）大气污染防治

1. 秸秆综合利用方面　　（责任部门：公共频道、荆门之声）

近年来，荆门采取示范推广、产业发展等系列措施，已基本形成秸秆多领域、多形式综合利用的格局，2015年秸秆综合利用率达到89%。

（1）东宝工业园区湖北凯利板业

该企业利用农作物秸秆生产零甲醛环保秸秆板，每年可回收农作物秸秆18万吨。

（2）掇刀秸得宝有限公司

回收秸秆，打捆后卖到全国；还用秸秆编草绳草帘出售。

（3）京山秸秆回收

去年，京山县农机部门重点建设秸秆收储用体系，在罗店镇绿丰、孙桥镇禾之果、永兴镇峥嵘、雁门口镇禾林等4个合作社，建万吨秸秆收储中心，配套建了40个村级收储点。在钱场镇周和明、曹武镇鹏程、罗店镇力雄等3个合作社，建千吨秸秆收储中心，配套建15村级收储点。这些回收来的秸秆将直接卖到京山凯迪电厂和京山山珍食用菌合作社，不仅起到了环保作用，还增加了农民收入。

2. 矿山复绿和生态恢复方面　　（责任部门：直播荆门、荆门周刊）

（1）荆门中心城区已关闭的29个采石场塘口复绿工程

（2）八里干沟石灰石开采加工集中区综合整治

（3）漳河新区料场、煤场关停

（二）水污染防治　　（责任部门：直播荆门、荆门周刊）

1. 漳河良好湖泊生态环境保护

漳河水库正式被纳入全国54个生态良好湖泊保护试点，采取保护措施有：建立水源数据管理中心；聘期义务监督员；建立跨区域流域生态环境保护管理机制（荆襄宜联席会议制度）。

2. 金汉江环保设施

（三）农村环境综合治理　　（责任部门：公共频道、荆门之声）

推进农村改厕、土壤修复、农村污水处理、农村生活垃圾回收处理、农村废弃物资源化利用、畜禽养殖污染治理、化肥农药减量、农村水生态环境治理等农村生态环境综合治理"八大行动计划"。

1. 钟祥客店镇："明灯"农村生态环境治理模式

客店镇明灯村试验设计了"厌氧发酵+沙石过滤+植物吸收"污水处理模式。污水通过管网首先进入沉淀化粪池，采用全封闭厌氧分解处理；然后进入处理池，采取上翻式细沙过滤，滤出颗粒物及漂浮物；最后进入集水池，在池内栽植耐水泡等根系发达植物，对池内微生物再次进行吸收。整个污水处理系统依地势而建，零动力自然循环；厨房、厕所、猪圈污水全处理，排污管、处理池全封闭，净化后的水无异味、无蚊蝇，直接用于菜地、农田灌溉。

2. 柴湖镇：四新村、马南村、罗成村生活污水处理模式

把农民家里的生活污水通过管道引入化粪池，进入污水收集系统，再排到处理系统，经过化学试剂进行处理后，达到国家排放标准。

3. 美丽乡村建设——京山绿林镇

绿林镇加强对农村生活垃圾的治理，每村建一个垃圾集中收集点，建好管理房、分类房、分类箱，每百户配备一名专职保洁员，每名保洁员配一台转运车，对镇村公路、沟渠边坡、村庄周边死角进行集中彻底清理，建设美丽乡村。

（四）生态补偿　　（责任部门：公共频道、荆门之声）

荆门市在构建生态安全格局方面，坚持保护优先、自然恢复为主，以森林、河湖、湿地为基础，以自然保护区、森林公园、生态公益林等为重点，构建复合式、立体化、网络式的生态安全屏障，保留永久生态空间，打造山水林田湖生命共同体，构建一带两屏四网六廊生态屏障。

一带：汉江生态保护带

两屏：荆山、大洪山生态屏障

四网：漳河水网、长湖水网、温峡水网、杨竹流域水网

六廊：竹皮河—汉江生态廊道

漳河水库—总干渠—黄荡湖—汉江生态廊道

漳河水库—长湖生态廊道

温峡水库—镜月湖—柴湖镇东侧水系—汉江生态廊道

石门水库—长滩河—永隆河—运粮河生态廊道

G347国道生态廊道

（五）生态产业发展　　　（责任部门：直播荆门、荆门周刊）

1. 荆门格林美新材料有限公司资源回收和循环利用

荆门市格林美新材料有限公司启动湖北百亿"城市矿产"循环利用产业工程的建设，以武汉和荆门为中心，建设百亿规模的世界先进"城市矿产"循环产业工程；探索中国资源的"城市矿产"开采模式。

2. 高新区凯天环保公司项目

荆门市政府与凯天环保科技股份有限公司签订战略合作协议，在荆门高新区规划建设静脉产业园、环保装备产业园；通过PPP模式，于今年启动几个生态环境治理项目，特别是乡镇村污水处理厂的建设和运营，以及几个流域水生态环境的治理；共同编制中心城区大气污染防治规划，共同组建生态环保产业发展基金，尽快推动生态环境的系统治理。改善环境质量，提升城市能级，加快我市生态文明建设。

报道要求：

以记者走基层的报道形式展开，小切口、讲故事，穿插主持人（记者）出镜，节目需要记者配音。

活动安排：

1. 人员安排

活动总负责：曾××

活动总协调：彭××、梅×

直播荆门：姚×、张×

公共频道：喻××、叶××

荆门之声：田×

荆门周刊：赵××

新媒体中心：骆××

2. 根据上述选题，整组报道不得少于15条；

3. 4月27日—5月15日完成拍摄任务；

4. 5月6日推出炒作片；

5. 5月16日全媒体正式推出系列报道。

参加部门：

直播荆门、荆门之声、公共频道、荆门周刊、新媒体中心

附录三:《荆门广播电视台关于"新常态"系列报道宣传方案》
(2015年1月9日)

为贯彻落实中央、省经济工作会议精神和市委七届六次全体(扩大)会议及全市经济工作会议精神,结合市委书记万××有关指示精神,荆门广播电视台以"新常态、新机遇、新状态、新作为"为主题,拟开展"新常态,你准备好了吗?""新常态,我们抓住了什么?""新常态,我们有什么新作为?"等三个阶段性宣传战役,具体方案如下。

一、新常态,我们准备好了吗?(1月12日-3月31日)

主要内容:

(1)开展"新常态下,我们应该怎么办?"讨论活动,广泛采访各县市区党政主要负责人、市直经济主管部门、重点企业负责人、经济学术界人士、党政机关干部,在全社会营造一个抢抓机遇、奋发有为、鼓劲、乘势、赶超、升级的舆论氛围。

(2)采访县市区、荆门高新区及经济主管部门主要负责人,贯彻落实市委七届六次全体会议和全市经济工作会议精神的情况,开展2015年工作的主要思路。

县市区主要领导采访由荆门广播电视台领导带队,集中在1月12日至16日完成。

东宝区、掇刀区、荆门高新区:

荆门广播电视台总编辑　王××

京山县:

荆门广播电视台副局长　　程×

屈家岭管理区、漳河新区:

荆门广播电视台副台长　陈××

钟祥市、沙洋县:

荆门广播电视台副台长　曾××

(3)报道"一核六片十五园"争创开门红,扩投资快增长的情况。

(4)报道春节前后各地重大项目集中开工活动。

(5)召开一个座谈会。1月20日左右,邀请县市区领导、经济主管部门负责人、企业负责人等就新常态下荆门的发展召开一个小型座谈会。

(6)刊发评论:对各地第一季度的工作做点评小结。

二、新常态,我们抓住了什么?(4月1日-6月30日)

主要内容:

（1）报道各地如何抓住动力转换带来乘势的机遇。

参考选题：A. 吸引民营资本参与供热管道建设。B. 荆门国家级、省级技术中心推动产业发展的情况。

（2）报道增速换挡带来赶超的机遇。介绍各地换挡不失速、加油快赶超的情况。

参考选题：A. 葛洲坝异地技改项目开工建设。B. 新洋丰等企业向百亿企业进军。

（3）报道结构优化带来升级的机遇。加快推进"四化"同步协调发展，加快培育战略性新兴产业，加快转变农业发展方式的情况。

参考选题：A. 金泉新材料、金汉江等企业新材料产业发展。B. 中兴、江源打造智慧农业。

（4）本台评论：对第二阶段进行点评小结。

三、新常态，我们有什么新作为？（7月1日-9月30日）

主要内容：

（1）报道各地传统产业转型升级有哪些新成绩？如石化产业向炼化一体化转变，磷化产业向食品级、电子级方向深化，建材产业向新型化、链条化迈进，机械产业向成套化、智能化跃升，纺织产业向规模化、精品化发展，农产品加工业向精细化、高端化转型。

参考选题：A. 化工循环产业园延长产业链。B. 钟祥磷化产业转型升级。C. 叶威智能物联网项目。

（2）报道各地战略性新兴产业方面有哪些新作为？

参考选题：A. 中集化工能源装备基地建设。B. 荆门高新区高端装备制造产业园建设。C. 鄂中再生资源大市场等50个循环经济项目实施情况。D. 爱飞客镇建设情况。

（3）报道各地今年续建及新开工重大项目建设进展情况？

参考选题：A. 华工科技、中兴农谷产业园等项目建设情况。B. 楚商工业园建设情况。

（4）报道各地在新技术、新产品、新业态、新商业模式的发展情况。

参考选题：A. 金汉江新技术运用。B. 格林美、中集新产品研发。C. 东宝区电子商务平台建设。

（5）报道市直各部门在服务经济发展方面，有哪些新创举、新经验、新作为？

（6）报道我市在一岗双责、廉政门诊部、城乡网格化管理、法治荆门建设等方面的新作为。

四、概括总结（10月1日至5日）

主要内容：

刊发5篇系列评论，对前三阶段各地工作情况做一个全面的总结点评，结束整个战役宣传。

报道媒体及形式：

（1）报道媒体：荆门广播电视台《荆门新闻联播》、广播新闻频率《新闻七点半》、荆门网络广播电视、中国农谷网、荆门视窗客户端进行全面联动宣传。

（2）报道形式：《荆门新闻联播》《新闻七点半》分别开设专栏；荆门网络广播电视、中国农谷网开设专页；荆门视窗客户端开设专题。充分利用消息、特写、新闻综述、评论等形式，进行全方位、多角度、有深度的报道。

附录四：《荆门广播电视台部分节目策划案例》

案例1：一马光彩大市场电视宣传推广方案

一、宣传背景

一马光彩大市场由一马集团投资开发。项目建成后，主要以品牌建材家居批发为主，兼顾商务办公、休闲等业态，集产品交易、展览展示、品牌推广、电子商务、商管运营等一体，实现"一站式"便捷采购和"一条龙"全面服务。一马光彩大市场前瞻性规划，颠覆传统家居市场形态。将独特的商业文化和生活引入到家居市场的日常经营，引领现代、健康的现代经营方式。

一马光彩大市场在城市振兴发展的时代大背景下，在荆门市大力整治北城交通、家居外迁的政府规划主旋律下，依托荆门得天独厚的立体交通优势和区位优势，构建荆门乃至湖北省规模最大、现代化程度最高、交易门类最全、服务最完善、辐射能力最强的区域建材家居中心。

二、频道、栏目介绍及收视分析

荆门广播电视台鄂中经济频道创办于2008年6月，定位于经济生活服务类专业频道，以经济生活资讯为主，影视时尚娱乐并重。经过近年来的不懈努力，频道整体收视率和市场份额稳居荆门地区收视前列，是荆城市民了解新鲜资讯、广大企事业单位进行形象宣传的重要平台。

鄂中经济频道主打集新闻快播、生活资讯的方言家庭式电视栏目——《现在嘎事》。节目创办于2008年6月，时长30分钟，日播节目，凸显本土特色，挖掘本土文化，服务生活。其中频道王牌栏目《现在嘎事》在2009年被评为"湖北省十佳栏目"，2011年，与辽宁卫视《王刚讲故事》等栏目一同被中国电视艺术家协会评为"全国故事类十大品牌栏目"。

鄂中经视自成立以来，先后承办了"加州魅力新主播·荆门电视台主持人公开选拔赛""荆门市创业之星颁奖晚会""城市之星·娱乐全能新人秀""寻找美丽新娘大赛""微笑之星""荆门市大型寻缘交友活动""荆门首届方言大赛"等众多关注度高、参与人数多、影响力大的一系列优秀活动。

荆门广播电视台一周收视报告

数据来源：中视广联（北京）媒介咨询有限公司

2014年10月27日—2014年11月3日

频道	07:00—26:00	18:00—19:00	19:00—22:00	22:00—24:00
中央台一套	1.74	1.13	4.55	0.58

湖北卫视	0.51	1.03	1.83	0.05
荆门新闻频道	1.22	1.64	2.95	0.75
荆门鄂中经视	0.87	1.45	1.71	0.51

荆门地区所有频道收视前二十名排行（时段：07:00—24:00）

序号	频道	收视率%	市场份额%
1	中央台一套	1.74	7.33
2	中央台三套	1.62	6.84
3	中央电视台新闻频道	1.28	5.41
4	荆门新闻频道	1.22	5.14
5	中央台五套	1.09	4.58
6	荆门鄂中经视	0.87	3.67

2014年11月18日—2014年11月24日

频道	07:00—24:00	18:00—19:00	19:00—22:00	22:00—24:00
中央台一套	1.49	1.08	3.18	0.60
湖北卫视	0.51	1.05	1.59	0.36
荆门新闻频道	1.30	2.59	2.86	0.86
荆门鄂中经视	0.80	1.81	1.71	0.61

荆门地区所有频道收视前二十名排行

序号	频道	收视率%	市场份额%
1	中央台一套	1.49	7.24
2	荆门新闻频道	1.30	6.34
3	中央台三套	1.28	6.21
4	中央台四套	1.03	5.02
5	中央电视台新闻频道	1.01	4.93
6	荆门鄂中经视	0.80	3.88

三、宣传定位

一马光彩大市场通过各类宣传媒体打造和树立起集团"责任一马，传承商道，和谐共荣，服务社会"的品牌效应。针对目前企业各项目硬件设施建设和营销进程，宣传重点已从企业品牌推介"认识"阶段向"忠实坚持"转变，下一步宣传需要一个具有公信力、亲和力的展示平台和影响因素的介入。需要结合企业自身以详尽的项目介绍、招商政策优势、投资合作模式、优质投资环境、旺铺利润回报、经营框架结构、市场功能、服务优质等等特点，创新量身打造一个形象直观、声画结合、有独树一帜、别于其他的品牌宣传形式和载体。

四、宣传思路　　关键词：量身打造

（一）新闻宣传

1. 对荆门一马光彩大市场的建设的进展情况分阶段跟踪报道，在荆门广播电视台鄂中经济频道《现在噶事》栏目中播出。

2. 对荆门一马光彩大市场发生的有影响力的重大信息，在荆门广播电视台《荆门新闻》或《直播荆门》中播出，特别有价值的新闻将根据实际情况，传送省台播出。

（二）开设专栏

1. 开设《一马光彩时刻》电视展示节目版块。

根据企业的品牌推广和营销思路，在荆门广播电视台鄂中经济频道专门推出以企业冠名的电视展示节目版块——《一马光彩时刻》。该生活服务类电视展示版块，宗旨是为观众提供简洁明了的消费指南，时长3分钟，可容纳12个15秒电视宣传短片；或是单个企业3分钟专题。主要内容为一马光彩市场内商户品牌形象广告或促销信息等，每天白天不同时段在荆门广播电视台鄂中经济频道播5次。

企业可获回报：

A. 节目播出期间荆门广播电视台鄂中经济频道右下挂角"一马光彩时刻"。

B. 栏目正一位播出企业15秒宣传片。

C. 其余11部15秒电视宣传片，由企业面对市场内业主品牌自行分配。

D. 节目播出期间，屏幕下方可飞播企业销售字幕信息和电话。

2. 开设《一马光彩欢乐送》电视节目版块

根据企业的营销思路，在《现在噶事》栏目中专门推出以企业冠名的节目版块——"一马光彩欢乐送"。

A. 节目时长3~5分钟，节目之前以"一马光彩大市场欢迎收看一马光彩欢乐送5秒+15秒广告"为播出标准。节目每周采制播出二期。随当日《现在噶事》栏目在鄂中经视及其他频道播出，次数不低于5次。

B. 如企业确定冠名该节目版块，"一马光彩欢乐送"将作为鄂中经视2015改版创新的亮点，创意编辑进频道宣传片在整个频道全天进行密集播放，不低于6次。

C. 表现形式创新："一马光彩欢乐送"节目的将突出"欢乐"二字。拍摄对象以已成消费客户和将要发展成为客户的电视观众。采用主持人出镜，长镜头拍摄的手法，记录送礼的全过程。将好礼和欢乐送给幸福家庭"喜上加喜"。

D. 在"送"的过程中，贯穿主持人与观众的交流互动；企业工作人员专业知识的讲解互动；企业产品"润物细无声"的现场推介。"一马光彩欢乐送"礼品由企业提供（家庭吃穿住行用等各方面），可根据企业的商品全面展示和所送家庭的需求。

E. 节目和观众的互动：主持人在节目中向电视观众发出"一马光彩欢乐送 欢乐健康到你家"的邀请。

（三）冠名《一马光彩剧场》

冠名鄂中经济频道晚间电视剧场——《一马光彩剧场》，每天20:00—22:30之间的三集电视剧，每集剧之前以"一马光彩大市场欢迎收看一马光彩剧场5秒+15秒广告"为播出标准。

五、宣传时间：2014年12月15日至2015年12月14日。

六、宣传费用

1. 新闻宣传：免费

2. 开设《一马光彩时刻》：
100元/分钟×3分钟×5次×30天×12月=54万元

3. 开设《一马光彩欢乐送》
3000元/期×8期/月×12月=28.8万元

冠名《一马光彩剧场》
24000元/月×12月=28.8万元　　　　　　　　　　　合计：111.6万元

说明：本着深入合作的良好愿景，我们将为一马光彩大市场提供最优质的服务。我们将给予5折优惠的价格，宣传费用执行价为55.8万元。

案例二："记者新春进社区"系列报道策划方案

案例三：《闯天下的荆门人》节目策划方案

案例四：《社会温度计》节目策划方案

案例五：《市民问政》节目策划方案

附录五：荆门广播电视台《"市民问政"操作手册》

附录六：超强降雨来袭　众志成城抗灾

后 记

　　标准化建设是我国融入国际社会的关键，也是深化改革的目标。改革开放以来，尤其进入 21 世纪以来，我国各行各业都加快了标准化建设之路。传媒业作为朝阳产业和国家发展软实力的标志，其标准化建设在全球化的今天显得尤为重要。随着我国国力的壮大和国际影响的不断增强，我国的传媒业与国际接轨、参与国际交流已经成为新常态。在融媒体背景下，由技术引领发展的新型传媒业态，其标准化建设较以往任何时期都更复杂，原有的标准不断被废止，新的标准不断出现，令业内目不暇接，但是又不能不接。这是因为没有标准的全媒体转型发展，就像一列老旧的窄轨列车驶向标准化新轨道，难以对接。这一点对广播电视媒体而言尤其明显。目前，我国的广播电视行业正在进行艰难的全媒体转型，无论是技术层面还是规范方面，都面临新旧对接的任务。正出于这种背景，荆楚理工学院与荆门广播电视台合作编写这本书，想给转型迷茫中的广播电视行业一点指引，同时，也为即将走向传媒行业的高校传媒类专业学生提供一把尺子，帮助他们明确将来工作的标准。惟愿在此，但求有益。

　　这本书是高校新闻院系与主流媒体共建的成果，也是荆门广播电视台与荆楚理工学院文学与传媒学院合作的结晶。

　　全书由荆门广播电视台王正明总编提出框架和统稿，荆楚理工学院文学与传媒学院陈洪友教授和黄冈师范学院余庆华博士审核补充编订，荆门广播电视台陈爱平、曾宪斌、薛锋、吴国祥、吴东来、彭良银担负了主要内容的编写，宁芝、熊晓艳为部分章节提供了材料；荆楚理工学院文学与传媒教师聂俊、张斌、李虹参与了审稿，广播电视编导专业教研室全体教师也付出了劳动。

编　者

2017 年 4 月于白龙山